抵抗勢力との向き合い方

働き方改革、
業務改革を阻む
最大の壁を乗り越えろ

榊巻 亮
Ryo Sakamaki

日経BP社

はじめに

企業変革の成否は「態勢の質」で8割決まる

　この本のテーマは企業の変革活動、つまり変革プロジェクトにおける「抵抗勢力との向き合い方」である。成功する変革プロジェクトは必ず2つの質が伴っている。

　1つは「企画の質」である。優れたコンセプトやロジカルな分析、本質に迫った施策案などが企画の質に直結する。一般に、プロジェクトを進める際には企画の質にフォーカスが当たるが、もう1つの「態勢の質」にはほとんど注意が払われない。プロジェクトの勢い、関わっている人のやる気、これで会社を変えるぞという熱量、納得性、モチベーションなどがそれだ。

　変革プロジェクトは実行を担うチームを中心に、経営トップや部門長、現場担当者に至るまで、様々な関係者を巻き込んだ活動になる。当然、みんなが危機意識や改善意識を共有していれば態勢の質は向上するが、意識がバラバラであれば抵抗が生まれ、態勢の質はどんどん悪化し、プロジェクトは失敗に終わる。

　<u>関わった人全員がモチベーション高く、使命感に燃えているようなら態勢の質は向上するが、他人事として捉えて、やる気がなければ態勢の質は悪化し、実行に漕ぎ着けるのは難しくなるだろう。</u>

　立派な計画書があっても、実行されなければ絵に描いた餅。そして変革プロジェクトは機械ではなく、人が行うものと考えると、企画の質と態勢の質、そのどちらの質が成否を握っているか一目瞭然だろう。別の見方をすれば、「態勢の質」は「人の抵抗」ともいえる。

　では、態勢の質を高めるために、抵抗とどう向き合えばよいのか。これは変革プロジェクトにまつわるセミナーを開くと、一番多くもらう質問でもある。

・現場の抵抗が強くて…
・キーパーソンを巻き込めなくて…
・メンバーが陰で反対意見を言っているらしく…

　悩みはどの企業でも共通している。しかし、抵抗と向き合うのは本当に難しい。抵抗は人の気持ちに強く影響を受けるため、どのタイミングで何をすべきかは、人と人とを取り巻く状況によって大きく異なってくる。これだけやっておけばOK、なんてお手軽なメソッドや分かりやすいフレームワークは存在しない。

　そのうえ、一度失敗すると取り返しがつかないことになる。崩れてしまった人間関係や失ってしまった信頼を取り戻すのは、想像を絶する努力が必要になる。短期決戦のプロジェクトでは一発で致命傷になるだろう。

　タチが悪いことに、こうした変革プロジェクトを何度も経験できるビジネスパーソンはほとんどいない。つまり、多くの人がほぼ手探りの状態で、初めて抵抗と向き合うことになる。「セオリーなし」「失敗は許されない」「初めての経験」――。この三重苦が変革プロジェクトを劇的に難しくしているのは間違いない。

本書の特徴は「体系立った解説」と「現場感」

　臨場感あふれる小説仕立てで変革プロジェクトのサクセスストーリーを紹介した書籍は多いが、固有のストーリーであるがゆえに、読者が目の前のプロジェクトを成功に導くための指南書としては使いづらかった。そこで本書はプロジェクトの局面ごとによく出る抵抗の例、マズイ対処の仕方、良い対処の仕方などを体系立てて、かつ、実例を交えて解説する。そうすることで、実プロジェクトでそのまま使える指南書を目指した。

　また、変革を支援するコンサルタントの立場で書いた書籍は多いが、第三者の立場であるがゆえに、どこか現場感が足りなかった。泥くささが足りないと言ってもいい。

　筆者はコンサルタントとして、多くのプロジェクトに関わってきたが、

前職（大手建設会社）時代にも多くの変革に関わってきた。1人の担当者として変革に抵抗したこともあれば、社内変革を推進するリーダーとして同僚からの抵抗と向き合ったこともある。

だからこそ分かるが、抵抗する側にも理屈がある。推進するリーダーにはリーダー特有の苦悩がある。それぞれの事情を理解しなければならない。抵抗は決して、正論だけでは解決しないのである。本書ではそうした「現場感」を大事にしながら、実際にプロジェクトで使って効果が高かった方法論だけを詰め込んだ。具体的で実用に耐え得る内容になっていると自負している。

ターゲットは変革を引っ張るリーダー

本書は、変革プロジェクトを推進する立場にあるプロジェクトリーダーの視点でまとめた。企業では様々な変革プロジェクトが走っているはずだ。基幹システムの刷新プロジェクトや事務業務の効率化プロジェクト、業務集約やアウトソーシングのプロジェクト、物流改革のプロジェクト、品質向上を図るプロジェクト、コンタクトセンターの構築プロジェクト、ワークスタイル変革プロジェクト、ペーパーレス化プロジェクト、顧客管理システム導入プロジェクトなどなど。こうした取り組みを引っ張るリーダーのために本書は存在する。

筆者が共著で関わった前著『業務改革の教科書』（日本経済新聞出版社）では、変革プロジェクトでするべきタスク（調査の進め方やヒアリングのコツ、分析のまとめ方など）の「技術的な部分」を中心に解説した。一方、本書は「人間的な部分」にフォーカスを当てている。補完関係にある2つの書籍は必ずリーダーの力になると信じている。

はじめに
企業変革の成否は「態勢の質」で8割決まる ─────── 2

第1章 抵抗とは何か
抵抗は至るところで発生する ─────── 15

── 現場のキーパーソンを巻き込めず、転覆 ─────── 16
── 実は経営トップが最大の抵抗勢力 ─────── 17
── 意気込んで始めるも、周囲が付いて来られず空回り ─── 18

抵抗は「悪」ではない ─────── 20
── 部下にこれ以上、負荷をかけられない ─────── 20
── 会社として腹をくくっていないじゃないか ─────── 21
── 今よりもサービスレベルが落ちるじゃないか ─────── 22

抵抗は「自然の摂理」である ─────── 23
抵抗はプロジェクトの時間に応じて変わる ─────── 25

まとめ 「抵抗勢力」とレッテルを貼るな
抵抗は悪ではない ─────── 26

第2章 計画策定期
隠れた抵抗に対応する ─────── 27

抵抗は成長する ─────── 29
抵抗には4段階の強さがある ─────── 30
表に出た抵抗と隠れた抵抗 ─────── 31

「オンとオフ」で兆候を拾う — 33
- **ポイント1** オンセッションで観察する — 33
- **ポイント2** オンセッションでのチェックポイント — 35
- **ポイント3** オフセッションで雑談する — 35
- **ポイント4** オフセッションでの振り返りメール — 36

「共感と共有」でケアする — 38
- **ポイント1** 反論せずに、まず共感する — 38
- **ポイント2** 説得せず、真摯に共有する — 40
- **ポイント3** 共有すべきものは資料に落とす — 42
- **ポイント4** コミュニケーションを設計する — 45

まとめ 6回伝えて、やっと6割伝わる — 49

第3章 計画策定期
表立った抵抗に対応する — 51

プロジェクト計画策定期（後期）の特徴 — 52

（A）指摘や不満を"明らかに"する — 54

- **ポイント1** 指摘事項を見える化して整理する — 57
- **ポイント2** 指摘の真意を確認する — 57
- **ポイント3** 受け止めたことが伝わるようにする — 59
- **ポイント4** 「"一緒"に解決する」モードに移行する — 59

(B)「目指す方向性に納得がいかない」を解消する —— 62

方向性に合意するポイント 1
問題解決の6層構造を押さえて議論 —— 63

方向性に合意するポイント 2
「3つの前提」を合わせる —— 66

(C)「進め方に納得がいかない」を解消する —— 73

進め方を一致させるポイント 1
極力相手の意見に乗っかる —— 73

進め方を一致させるポイント 2
一緒に練り直す —— 74

(D)「客観的な判断力」を取り戻してもらう —— 75

判断力を取り戻してもらうコツ 1
自分のことではなく、他人事として考えてもらう —— 76

判断力を取り戻してもらうコツ 2
「現状の悪さ」でなく「将来どうすべきか」に話を向ける —— 78

判断力を取り戻してもらうコツ 3
実行しないリスクを示す —— 80

判断力を取り戻してもらうコツ 4
反対意見を撤回しやすくする —— 81

判断力を取り戻してもらうコツ 5
代役を立てる —— 81

判断力を取り戻してもらうコツ 6
各個撃破する —— 82

(まとめ) 抵抗を歓迎する姿勢を持とう —— 83

第4章 施策実行期
サボタージュに対応する ——— 85

施策実行期の特徴 ——— 86
人はなぜサボるのか、なぜ行動に移せないのか ——— 87
心の問題は当事者にその気になってもらうことで対応 ——— 89

> 心に対する仕掛け1
> やってほしいこととその意義を重点的に伝える ——— 90

> 心に対する仕掛け2
> クイックヒットを仕込む ——— 90

> 心に対する仕掛け3
> 「やること」と「メリット」を直結させる ——— 91

> 心に対する仕掛け4
> 強制力を持たせる ——— 93

体の問題は当事者をフォローし、テコ入れできる状況で対応 ——— 95

> 体に対する仕掛け1
> アクションまでの手間を最小化 ——— 95

> 体に対する仕掛け2
> 当事者をプロジェクトがフォローする ——— 96

> 体に対する仕掛け3
> 脱落者にしかるべき対処をする ——— 97

（まとめ）対処療法はダメ、予防治療で先手を打て ——— 98

第5章 立ち上げ期
「立ち上げ期」の重要性を知る — 99

プロジェクト立ち上げ期の特徴 — 100
抵抗と向き合う「基礎体力」を付ける — 101

1-1. 納得度が高いプロジェクトゴールがないと、
まっとうな批判に耐え切れない — 102

1-2. 納得度が高いプロジェクトゴールがないと、
チームを組成できない（協力者を増やせない）— 102

2-1. プロジェクトチームの熱量が低いと、
質の高いアウトプットを出せない — 103

2-2. プロジェクトチームの熱量が低いと、
抵抗と向き合い切れない — 103

3. 経営陣を味方に付けられないと、
変革にGOをもらえない — 104

まとめ 「立ち上げ期」に基礎体力を付ければ、
"風邪"を引かなくなる — 104

第6章 立ち上げ期
納得度が高いプロジェクトゴールを定める — 107

自発性を発揮できるゴールを作る — 108

ステップ1 メンバー1人ひとりに「問い掛ける」— 110

問い作りのポイント1
第三者からの素朴な疑問 ──────────────── 113

問い作りのポイント2
お決まりの問い掛けからヒントを得る ─────────── 114

ステップ2 1人ひとりの思いを「言語化する」──────── 115

書き出すときのポイント1
考えをそのまま書き出す ─────────────── 117

書き出すときのポイント2
「氷山モデル」の全体を明らかにする ─────────── 118

ステップ3 言語化した思いを相互に「ぶつけ合う」─────── 120

ぶつけ合いのポイント1
氷山モデルの「下」をぶつける ──────────── 123

ぶつけ合いのポイント2
集中討議で抜け・漏れを防止 ──────────── 124

ステップ4 プロジェクトゴールを「3つの軸でまとめる」── 126

まとめのポイント1
ゴール、コンセプト、必要性の3軸でまとめる ──────── 130

まとめのポイント2
コンセプトは「その状態がいいな」と思える表現で ─────── 130

まとめ 「与えられたゴール」から
「俺たちのゴール」へ変える ──────────── 133

【コラム】
ぶつけ合いの2大パターンを押さえる ——————— 134

1. 論点設定型 ——————————————————— 134
2. 課題ぶちまけ型 ——————————————— 136

第7章 立ち上げ期
プロジェクトチームの熱量を上げる ——————— 143

心理的安全性がアウトプットの品質を高める ——— 144

仕掛け1
双方向キックオフでプロジェクトにのめり込むキッカケを作る — 146

仕掛け2
ノーミングセッションで心理的安全性を確保する ——— 149

仕掛け3
Icebreakerでパーソナルな側面を知る ———————— 151

仕掛け4
グラウンドルールで心理的安全性を確保する ———— 151

仕掛け5
プロジェクトルームで偶発的コミュニケーションを発生させる — 153

仕掛け6
プロジェクトルームでスイッチを切り替える ———— 154

仕掛け7
プロジェクトリーダーの振る舞いがチームの雰囲気になる — 155

まとめ 心理的安全性を確保して
チームの力を最大化する ——————————— 157

第8章 立ち上げ期
経営陣を味方に付ける ─ 159

変革プロジェクトにおける経営陣の理想的な行動 ─ 160
理想的な振る舞いをしてもらうため、何ができるか ─ 166

まとめ 経営陣を味方に付け、使い倒す ─ 171

おわりに
抵抗と向き合うには「人」と向き合え ─ 172

第1章 抵抗とは何か

抵抗は至るところで発生する

具体的な話に入る前に、本書での抵抗とはどんなものか、変革にどのくらいの影響を与えるものなのか、読者のみなさんとイメージを合わせておきたい。実際のプロジェクトにおける抵抗の形を見てみよう。

── 現場のキーパーソンを巻き込めず、転覆

　ある大手建設会社の業務改善プロジェクトでの出来事だ。営業業務を効率化するために発足したプロジェクトで、1つの大きな施策として営業事務の集約が検討されていた。

　営業部門を中心として全社の各部門から代表が選出され、10人ほどのプロジェクトメンバーで現状調査や業務分析を行い、施策案をみっちり検討してきた。何十年もの間、大きな変化がなく現在の形を踏襲してきた業務だっただけに、検討も綿密にやらなくてはならなかった。

　幾つもの施策パターンを整理し、それぞれのメリットとデメリット、実現性、費用対効果も明らかにした。改善の余地は大きかったし、プロジェクトメンバーも検討を進めるなかで手応えを感じ始めていた。そして、いよいよどの施策パターンを選択するかを決める段階でのことだ。

　プロジェクトメンバーが集った会議で、リーダーが決断を促した。「業務集約について、3つのパターンを検討してきましたが、どれかを選択する局面に来ています。今日、プロジェクトとしての方針を決めましょう」

　プロジェクトメンバーからは「効果を考えると当然、パターン1でいくしかないでしょ？　これまでの議論からも明白だと思う。パターン1でやっていこう」と前向きな発言が出てきた。

　ところがだ。変革の対象である事務部門を率いる部門長からは厳しい意見が飛び出した。「あり得ないね。ずっと言っているけれど、そもそも業務集約は現場が望んでいないんだよ」と痛烈な反対を食らってしまった。プロジェクトリーダーが「なるほど…。どうあり得ないのか、もう少し具

体的に教えてもらえませんか？」と聞いても、「現場のことを考えるとだな…それに担当者も『あり得ない』と言っているんだよ！！」と反対の理由すら、まともに話してくれない状況だ。

実はこの事務部門長は、プロジェクトの途中から本格的に参加してもらったのだが、そのときから何となく、前向きではなかった。あの手この手で議論を尽くしてきたのだが、最後の最後で明確に猛反対されてしまった。

プロジェクトリーダーや一部のメンバーはいい施策だと思っていたのだが、事務部門長とは考えが異なっている。実際に現場の営業担当者と話してみても「忙しいから」「そっちで検討してください」という冷めた回答が返ってくるだけ。どうやら営業部門長が自分の部下に「あのプロジェクトには協力しないように」と吹き込んでいるようだった。社運を賭けた変革プロジェクトだったはずなのに、営業部門のための施策だったはずなのに、どうしてこうなってしまったのだろうか。

── 実は経営トップが最大の抵抗勢力

ある金融系企業の業務改革プロジェクトでのこと。この会社はこれまで多くの合併と事業統合を繰り返してきたため、業務が完全に縦割りになっており、多くの弊害が発生していた。これを基幹システムの刷新を機に、抜本的に見直す取り組みだった。

各本部から部長と副部長クラスが参加し、議論を重ねたことにより、全社横断で解決すべき課題が見えてきた。これまで全く本部間の交流がなかったのだが、プロジェクトを通じて、本部間の理解や共同体制も整ってきた。その結果、

・職務、決裁権限の委譲を行い、スピード感と責任感を取り戻す
・組織間で中途半端に分かれた役割を見直し、独立採算制にシフトする

・最適化された業務にシステムを合わせる形の基幹システム刷新を行う

など、これまで考えられなかったドラスティックな施策が次々と打ち出された。プロジェクトリーダーもメンバーも「ここで変えなければならない」「ここがウチの会社のがんだ」と、見事にベクトルがそろってきていた。十数人の部長たちが1つの答えにたどり着くこと自体、奇跡的な状況といえた。

そして、プロジェクトリーダーは計画を練り上げ、最終報告の場でプロジェクトのオーナーである社長に対してプレゼンテーションを行った。「良い施策ができた」。そう思っていたリーダーの耳に飛び込んできたのは、経営トップの意外すぎる言葉だった。

「権限を委譲する気はない。役割の話も踏み込み過ぎだ。それは社長である私が決めることだ」

予想だにしない一言。暖かく見守ってくれていたはずの社長からの一言。社長とのコミュニケーションは良好だったはずなのに、そもそも社長の一言で始まったプロジェクトだったはずなのに、どうして。

気持ちを1つにしていたプロジェクトメンバーも「社長の意向と違う」と分かると、次第にバラバラになってしまった。途中まではうまくいっていたはずなのに、経営トップが最大の抵抗勢力だったとは。

──意気込んで始めるも、周囲が付いて来られず空回り

ある医療機器メーカーでは、長年問題視されてきた物流業務を改革するプロジェクトが立ち上がっていた。社長の一言で始まったプロジェクトだったが、プロジェクトリーダーのAさんにとっても長年の悲願だった。15年前に現在の物流システムを作り上げたのは、ほかならぬAさん自身だったのだが、15年の時を経てビジネス環境は大きく変化し、ずっと物

流を再改革すべきだと考えていた。

　定年退職が間近なAさんにとっては千載一遇のチャンス。会社人生で二度も大きなプロジェクトに携われるなんて運がいい。最後に会社と若い世代に恩返しをしたい。

　そう考えていたAさんは、意気揚々と若いメンバーを集めてプロジェクトをスタートさせたのだ。しかし、何だか様子がおかしい。メンバーは素直に指示に従ってくれるのだが、全く熱量を感じない。タスクも引き受けてはくれるが質は悪いし、期限は遅れるし、何より自分事として捉えているとは思えなかった。

　この先15年の物流を決める大事なプロジェクトなのに、会社の生き死にがかかっているのに。Aさんは焦り、いら立ったが、メンバーの態度は変わらず、それどころか現業務が忙しいことを理由に、プロジェクトの打ち合わせを欠席する者が目立つようになった。やがて活動自体も少なくなり、Aさんだけが細々と検討を続ける羽目に。

　Aさんも社長も極めて重要なプロジェクトだと思っているし、情熱も注いでいる。だがなぜか、現場は付いてこない。若いメンバーのためのプロジェクトと言っても過言ではないのに、なぜこうなってしまうのか。

　ここまで3つの抵抗事例を紹介した。どれもほとんど脚色していない実例だ。

　形は違えども、どれも変革を推進する立場から見ると、立派な抵抗である。他にも、施策やシステムを展開しようとしたら、現場担当者から「業務が回らない、こんなことやってられるか」と猛反発を食らうといったありがちなケースもある。

　変革に対して非協力的な態度を取られることは全て抵抗になる。プロジェクトリーダーはこれらに対応していかなければならない。さて、どうするか。

抵抗は「悪」ではない

　ここで一度、抵抗する側の立場に立ってみたい。変革を推進する立場にいると、推進側が"正義"であり、「抵抗する側が悪い」と捉えてしまいがちだ。しかし実際はそうではない。抵抗する側には抵抗する側の正義があり、論理がある。これも幾つか例を見てみよう。

——部下にこれ以上、負荷をかけられない

　契約の進捗状況をシステムで管理し、誰の目にも状況が見えるようにする施策が進んでいた。これまで契約の状況は担当者の頭のなかで管理されていたのだが、承認の状況が見えなかったり、滞ったままの契約が続出したりと、管理の手間が増えていた。システムで契約の管理ができれば、様々な負荷の軽減になることは分かっていた。

　ところが現場に施策の説明をしていたとき、事務サポート部（各部門の事務業務を引き受けて、サポートする部署）の部長がすごい剣幕でプロ

イラスト：仲平 佐保

ジェクトルームにやって来た。

「契約の進捗状況をシステムに入力するなんて話があるらしいな。ウチの部署ではこれ以上、仕事は増やせないぞ。どういうつもりなんだ」。完全にお怒りだった。プロジェクトメンバーも一瞬、身構えてしまったが、よくよく話を聞いてみると、部長の話はこうだった。

- これまでもウチの部は会社のために、色々な部署からの要望に100％応えてきた。
- だが負荷も激増し、部門のメンバーは疲弊している。
- それでも歯を食いしばって頑張ってくれている。理不尽な要求も、文句を言わずこなしてくれている。
- 彼ら彼女らの頑張りは会社に極めて大きな貢献をしているはずだ。
- にもかかわらず、またしても新たな負荷をかけるつもりなのか。
- 確かに進捗を管理できれば会社として効果は上がると思うが、ウチの部門の負荷はかなり上がる。
- これ以上は無理だ。彼ら彼女らを押しつぶしてしまう。

部長は、改革そのものに反対しているわけではなかった。進捗を入力すること自体は重要だと思ってくれているし、有効性も理解してくれている。

だが今それを受け入れることはできない。そういう主張だった。一瞬、「抵抗勢力か？」と思った自分が恥ずかしかった。この部長は部長の立場で、会社のことを本気で考えていたのだ。彼の立場からすると、プロジェクトチームの方が悪に見えていた。

── **会社として腹をくくっていないじゃないか**

別のプロジェクトでは、何度も施策について説明してきたはずなのに、

実行局面に来て「聞いていませんよ」と言われて困惑したことがある。プロジェクトチームは間違いなく、丁寧に説明していた。二度三度と説明に出向き、相手も前向きに捉えてくれていたはずだった。にもかかわらず、実行段階でこれだけ反対するなんて。ひどい人だな、と思った。

だがここでも抵抗する側の正義があった。彼はこう説明してくれた。

「以前、お話をうかがったときから、私は良い取り組みだと思っていました。このプロジェクトは今の会社には絶対に必要ですよ。しかし、会社として腹をくくり、本気になってやらなければうまくいかないとも思っています。それに私が勝手に動くわけにはいかないでしょ？ だから上司から正式に指示が来るのを待っていたんです。ところが待てど暮らせど、指示は来ない。正直、イライラしていたところなんです。こんな状態で協力はできません」

彼の視点からすると「話の筋を通せないグダグダなプロジェクトチーム。会社を本気にさせなきゃ成功もないだろう。しっかりしろよな」ということになる。

――今よりもサービスレベルが落ちるじゃないか

ある会社では顧客からの問い合わせや要望に対して、営業担当者が個人の力量と裁量で個別に対応してきた。ところが営業担当者によっては、ずさんな対応をしてしまうなど、応対品質に著しい差が出てしまっていた。

加えて、問い合わせ対応に非常に多くの工数を割いており、営業が本来の提案業務などに注力できていないという問題も出ていた。そのため、問い合わせ窓口を一本化し、サービス品質と効率を同時に高める施策を検討した。プロジェクトチームからすると「会社としてサービスレベルがそろい、なおかつ効率化できる」ので、全社最適の立場から望ましいことだと考えていた。

ところが大物の営業担当者が腹を立てているという噂が聞こえてきた。「意味が分からない。会社は何がしたいんだ」と陰で文句を言っているらしい。プロジェクトチームからすると「どう考えても良い施策だ。彼は何を言っているんだ」と考えがちだが、本人の主張はこうだった。
　「サービス品質を均一化するということは"平均点を取る"ということでもある。しっかりと顧客対応をしている私（営業）からすると、窓口を集約したら柔軟な対応ができなくなって、今よりもサービス品質が落ちるとしか思えない」
　確かに一理ある。デキる営業担当者の立場からすると「サービス品質が落ちるような施策は絶対に反対」というのも当然と思える。
　これはどちらかが絶対的に正しいわけではなく、ポリシーの問題だ。全体最適を求めるということは、何かが犠牲になる可能性も高い。

　ここで紹介したのは一例にすぎないが、<u>抵抗する側にも理屈があり、正義がある</u>。そのことを最初に理解いただきたい。単に駄々をこねているわけではないのだ。ましてや、会社を落としいれようとしているわけでもない。
　だから間違っても「変革推進側が絶対に正しい」などと思ってはいけない。相手の立場で、相手の主張と感情を深く理解しなければならない。これが抵抗対応の難しさなのである。

抵抗は「自然の摂理」である

　そもそも、なぜ抵抗が発生するのだろうか。変革を起こそうとすると、抵抗は必ず起きる。「必ず」である。
　実は、その背景には、自然の理ともいえるような人間の心のメカニズムがある。行動経済学では以前から研究が進んでおり、抵抗に関する様々なメカニズムが明らかにされている。幾つか代表的な例を紹介しよう。

・現状維持バイアス
　変化に対する強い動機や危機感がない場合、「まあ、今のままでいいか」と考えてしまう心理傾向を指す。未知のものや未体験のものを受け入れず、現状は現状のままでいたいと、誰もが自然に考えてしまう。

・保有効果
　自分が現在所有しているものに高い価値を感じ、それを手放すことに強い抵抗を感じてしまう心理効果のこと。結果として新しいものを手にしたときに得られるメリットよりも、今、手にしているものを失うことによるデメリットを強く感じ取ってしまう。
　「今のシステムを入れ替えるの？　確かに使い勝手は相当悪いんだけど、愛着はあるんだよねえ。まあ、悪いところばかりでもなくてさ」。こんなケースは保有効果が表れている。

・損失回避性（プロスペクト理論）
　「利益」と「損失」では「損失」の方がより強く印象に残り、それを回避しようとする行動を取ること。言い換えると「とにかく損はしたくない」ということだ。新しいことにチャレンジして得られる「利益」と、被る可能性のある「損失」を比較すると、「損失」を重く捉える傾向にある。そのため、「利益」が相当に大きくない限り、行動を起こせなくなる。

　他にも人間が変化を嫌うメカニズムが数多く明らかにされている。これらの心理作用は誰もが本能的に持っているものらしい。つまり、変革に対して抵抗が起こるのは、ある意味では仕方がないこと、当然のことなのだが、自分が変革を推し進める立場になると、かたくなに抵抗する人を見て「あいつは保守的だから」「何も分かっていない奴だ」「視点が低い」「昔から何もしない人なんだ」などと見下してしまいがちだ。ところがその人の考え方や性格の問題ではなく、実は抵抗は人間の生理現象なのである。必ず起こるものだと分かっていれば、感情的にならず、冷静に対処できるだろう。

抵抗はプロジェクトの時間に応じて変わる

　では、抵抗はいつどんなふうに発生するのだろうか。変革プロジェクトは大きく分けて3つの局面が存在する。「立ち上げ期」「計画策定期」「施策実行期」だ。

立ち上げ期：プロジェクトが生み出され、人が集まり、本格的な活動に入る前までの時期を「立ち上げ期」と呼ぶ。この時期はプロジェクトリーダーと、ごく少人数のプロジェクトメンバーが中心の活動になる。

計画策定期：立ち上げ期が過ぎると、本格的に調査や分析、施策の検討など、実行計画を作っていく時期に入る。これを「計画策定期」と呼ぶ。この時期になると、プロジェクトチームだけでなく、一部の有識者や現場のキーパーソンを巻き込みながら検討を進めていくことになる。

施策実行期：作成した実行計画が承認されると、施策を実行に移して運用に乗せ、成果を出していく時期に入る。これを「施策実行期」と呼ぶ。この時期は全社員が変革に巻き込まれることになり、爆発的に関係者が増える。

　局面が進むごとに検討が具体的になり、関わる人も増えていくため、当然表れる抵抗の形も異なってくる。これを同じように「抵抗」とひとくくりにして考えると混乱する。プロジェクトの局面に分けて抵抗を捉えることが対応の近道だ。
　プロジェクトの時間軸に、本書で解説する「抵抗との向き合い方」をプロットすると、図1-1のようになる。一般的に抵抗というと「計画策定期」と「施策実行期」に現場から抵抗されて苦戦するシーンをイメージするだろう。読者の多くは実際に、現場からの抵抗に直面している人も多い。
　そこでまずは計画策定期の対応から解説していくことにする。立ち上げ期の重要性は第6章以降で、じっくりと解説する。

図1-1 プロジェクトの時間軸と抵抗との向き合い方

ここから解説

	立ち上げ期	計画策定期	施策実行期
プロジェクトの関係者	・プロジェクトリーダー ・プロジェクトメンバー	・プロジェクトリーダー ・プロジェクトメンバー ・有識者/現場のキーパーソン	・プロジェクトリーダー ・プロジェクトメンバー ・有識者/現場のキーパーソン ・変革の影響を受ける全社員
抵抗勢力との向き合い方	メンバーの心に火を付け、会社として推進する態勢を作る	チームを取り巻くキーパーソンの納得度を高め、味方に付ける	関係する社員全員に、行動を行動を起こしてもらう
本書での解説	第6章: 納得度が高いプロジェクトゴールを定める 第7章: プロジェクトチームの熱量を上げる 第8章: 経営陣を味方に付ける	第2章: 隠れた抵抗に対応する 第3章: 表立った抵抗に対応する	第4章: サボタージュに対応する

> **まとめ**
>
> # 「抵抗勢力」とレッテルを貼るな
> # 抵抗は悪ではない
>
> 変化に対してネガティブな反応を示されるのは、変革推進者にとっては「抵抗」であるが、人が抵抗することは自然の摂理である。生理現象であり、当たり前のことなのだ。そして「抵抗」する側にも理屈があり、正義がある。
>
> 「抵抗=悪」とレッテルを貼ってしまってはダメだ。抵抗は駆逐するものではなく、「向き合うもの」である。このマインドがなければ、何をやってもうまくいかない。

第2章 計画策定期

隠れた抵抗に対応する

具体的な対応方法に入る前に、まずこの時期の特徴を確認しておこう。この時期はプロジェクトチームが組織され、本格的な検討が始まるタイミングだ。現状調査として、現場の業務を1つひとつ調べて問題点を見つけ出したり、システムの状態を調べたりする。
　集めた情報を整理し、問題の根本原因を解明していく分析に時間を使うこともあるだろう。さらに、施策を考え出して実現に向け具体化していくのがこの時期にやるべきことである。
　誰も答えを持っていないなか、手探りで作業を進めることになるため、モヤモヤした気持ちが生まれてくるに違いない。プロジェクトメンバーはこんなふうに思い始めるだろう。

・このまま調査を進めていて、本当に変革できるのだろうか？
・このやり方で正しいのだろうか？
・あの営業担当者のエースに話を聞かなくていいのだろうか？
・何か本質を外している気がする

　プロジェクトメンバーだけではない。プロジェクトに緩く関わっている人たち（ヒアリングの対象や分析結果を確認してもらう人、施策の相談をする人など）からもモヤモヤが出てくるだろう。

・正直、時間ばかり取られて困るんだけど
・毎回同じようなことをやっているような気がする
・どうせ今回も変わらないんでしょ
・私の仕事がなくなっちゃうのかな

　この時期の特徴は表立った激しい抵抗よりは、水面下で「くすぶる」モヤモヤした違和感が多くなる。これを我々は「隠れた抵抗」と呼んでいる。
　ところがあまりにも小さく、表に出てこないので、この隠れた抵抗を重要視している人はほとんどいない。<u>表立った抵抗にばかり目がいってしまい、</u>

隠れた抵抗が野放しになる。これこそがプロジェクトが抵抗によって失敗する大きな理由だと私は考えている。どういうことか、少し事例を見てみよう。

抵抗は成長する

 隠れた抵抗を見逃す

　ごく一部のメンバーでプロジェクトを立ち上げ、プロジェクトの狙いやゴールについて議論したときのことだ。おおむねプロジェクトの進め方が固まり、さあ、本格的に現状調査を始めようという段階になって、新たにAさんがプロジェクトに参画することになった。彼は現状調査を進めるうえで、重要なキーパーソンだった。

　私たちはAさんに会い、プロジェクトのコンセプトや進め方を時間をかけて説明した。説明を聞き終わったAさんはこんなコメントをくれた。

「うん、まあ、いいんじゃない？　でも少しだけなあ。いや、まあ、いいのかな。うん、いいですよ。頑張ってやっていきましょう！」

　Aさんは少し引っかかるところがありそうだったが、私たちが丁寧な説明をしたかいもあって、納得してくれたように見えた。

　新しいコアメンバーがプロジェクトの主旨を理解し、前向きに取り組んでくれることはとても大切なことだ。だから私はこのとき、ホッと胸をなで下ろしたのを覚えている。

　しかし、これが甘かった。3カ月後、Aさんはこんなことを言うようになる。

「最初からハッキリ言っていますが、このプロジェクトはうまくいかないですよ。そもそもコンセプトが悪いですね」

　私は正直、困惑した。「最初からハッキリ言っているだって？　最初は納得していたじゃないか！　何を今頃になって…」。そう思ったが、それはあとの祭り。言った言わないの議論をしても、何の意味もない。

Aさんは立派な抵抗勢力に変貌を遂げてしまったのだった。

この事例は実際に起こったことをほぼそのまま書いている。隠れた抵抗を見逃すとはこういうことだ。最初の段階でAさんの違和感をきちんと拾ってケアできていたら、こんな発言にはならなかっただろう。ここでいったい何が起こったのか。少し解説したい。

抵抗には4段階の強さがある

そもそも抵抗には強さのレベルがある。大きく4段階くらいに分かれる。

一番弱い抵抗レベル1は「モヤモヤ/違和感」のレベル。明確な批判や抵抗になる前の段階で「違和感はあるのだけれども、うまく言語化できない」「モヤモヤする感覚はあるのだが、何だかよく分からない」といった状態が多い。

このレベルは抵抗とみなされないことが普通である。先ほどの事例では、実はこのレベルからスタートしている。Aさんはちょっと引っかかるところがあるような、ないような、という状態だった。

図2-1 抵抗の強さレベルの4段階

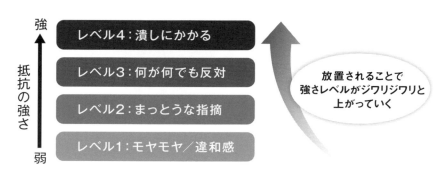

もう少し抵抗が強くなると、レベル2「まっとうな指摘」になる。ごもっともな指摘が中心だ。
　取り組み全体に対する反対ではなく、部分的な指摘になることが多い。「この部分のリスク対策の踏み込みが甘いな」「このケースが考慮されていない」など、取り組みを成功させるために不足している部分を指摘してくれることがほとんどだ。
　強さのレベル3は「何が何でも反対」である。反対したいことが先に立ってしまい、論理性を欠いた抵抗になっている。反対できるなら、どんなことでもこじつけて、反対の材料にしようとする状態を指す。
　先ほどの事例では、レベル1の抵抗が3カ月の時を経て、"立派"なレベル3にまで成長してしまっている。
　最後は「潰しにかかる」レベルの抵抗である。社内で反対運動を繰り広げたり、ネガティブキャンペーンを展開したりと、やることが派手だ。レベル3をこじらせると、このレベルに育ってしまう。
　多くのケースは一番下のレベル1「モヤモヤ/違和感」から始まり、事例のように放置されることで、だんだん抵抗の強さが増してくる。当然のことながら、抵抗の気持ちが育てば育つほど、対応が難しくなる。だから一番下のレベルをいかに拾い上げるかが、対応の肝になる。
　ここでは<u>抵抗は放置すると育ってしまう</u>と、頭にしっかりと入れておいてほしい。

表に出た抵抗と隠れた抵抗

　ここまでは頭で分かったとしても、うまく対応するのは非常に難しい。なぜなら、下のレベルの抵抗ほど「隠れている」からだ。先ほどの図に「表に出る/隠れている」の考え方を乗せてみよう。具体的なイメージはこんな感じだ。

レベル1：この程度の抵抗は、基本的に隠れた状態であることが多い。な

ぜなら、本人も違和感があるだけで、明確に何に対して指摘をしたいのか、よく分かっていない状態だからだ。

レベル２：ここではもう少し表に出てくるようになる。はっきりと意見を表明する人なら「ささいなことだが、私はリスクの洗い出しが甘いと思っている」といった具合に、表立って指摘してくることもある。正面から「これはおかしいと思う。なぜなら…」と反論をしてくれることもある。これは表に出た抵抗だ。

　「言いたいことはあるのだが、自分は若手だから黙っておこう」「"大人"な対応をしよう」と考えて、表に出さないケースもある。これが隠れているケースだ。この辺りはその人の特性や組織上の立場によっても異なる。

レベル３：これ以上になると、基本的に表に出てくる抵抗になる。通常、抵抗と認知されるのは「表に出た抵抗」だけなのだが、先ほどの事例でも分かる通り、はっきりと表に出てきてから対応しているようでは遅すぎ

図2-2　抵抗の強さレベルの４段階は「隠れた抵抗」と「表に出た抵抗」に分かれる

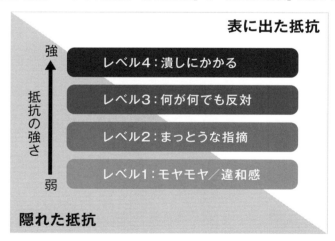

る。可能な限り、素早く対応したいのだが、なにせ隠れているので対応するのは難しい。

さて、どうすれば見つけづらい隠れた抵抗に対応できるのか。やるべきことは「オンとオフ」で兆候を拾い、「共感と共有」でケアすること。この2つだ。

「オンとオフ」で兆候を拾う

 オンセッションで観察する

会議中に手元の資料をずっと見ていたり、資料を映したモニターばかり見ているプロジェクトリーダーをよく見かけるが、それでは抵抗の兆候は拾えない。

オンセッション。つまり、会議は隠れた抵抗の兆候を拾う絶好の場だ。しかし、兆候を拾うために、目を向けるべきなのは資料ではない。私は常に会議の参加者の様子を相当見ている。「目が怖い」と言われるくらいに見ている。

参加者が腕組みをしたり、首をかしげたりしていないか。つまらなそうな顔をしていないかなど、とにかく人を見る。人は違和感や不安を覚えると即、表情や態度に表れる。

少しでも不穏な動きを感じたら、臆せずに尋ねる。「もしかして、この進め方が気に入りませんか」とか、「今、怖い顔をしていましたが、気持ち悪い部分がありますか」といった感じだ。

会議の参加者は特に何も考えず、ただ単に腕を組んでいただけなのかもしれない。別のことを考えて、しかめっ面をしていただけかもしれない。だが常に最悪なケースを想定するくらいでちょうどいい。思い過ごしなら、それでいいのだから。隠れた抵抗に気づかず、見過ごしてしまう方がよほど怖い。

何もなければ「いやあ、大丈夫ですよ。気にかけてくれてありがとう」なんて言われることもある。逆に何かあれば、「大した話じゃないんだけ

れどね、今のところが少し理解できなくて」と、正直に話してもらえるものだ。

私たちが普段気にしている参加者の言動を下の図にマッピングしてみた。ここに示したものは全て抵抗の予兆と捉えていい。該当する動きがあれば、気にして拾うとよいだろう。

特に非言語表現の反応や防御的な反応は、会議でじっくりと観察していないと拾えない。自分だけで気づけないなら、他のメンバーにも観察してもらって兆候を拾いたい。

繰り返すが、会議では兆候を拾うことに注意を払わなければならない。そして「拾おう」という強い意識がなければ、絶対に拾えない。

図2-3　抵抗のタイプ別に見た現れ方

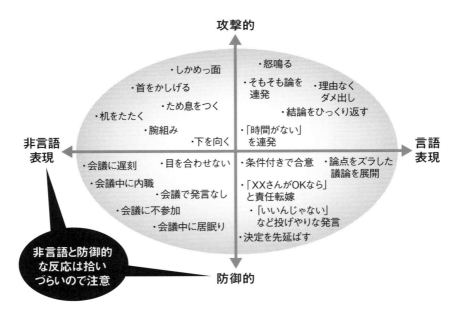

オンセッションでのチェックポイント

　私たちは会議の終わりに必ず、チェックポイントを実施している。会議の最後に3分ほど時間を取って、2時間の会議を振り返ってどうだったかを参加者に聞いてみるのである。聞くのはこの3点。

・良かった点
・悪かった点、懸念
・率直な感想

　打ち合わせが終わったタイミングで、会議のファシリテーター（進行者）が「チェックポイントをしましょう。××さん、2時間の会議を振り返ってどうでしたか」と切り出せばよい。
　「まあ、良かったんですけど、もう少し効率的にできないかなあ」「今日の議論、Aさんを呼ばなくてもよかったのですか？」なんてコメントが出てくるようになる。黙っていると何も話してくれないが、明示的に振り返る場があると、途端に意見が出てくる。
　1回だけでは大きな差にはならないが、毎回チェックポイントを設けると、人の意識は変わってくる。思ったことをストレートに表現してもらいやすくなる。このようなちょっとした工夫の積み重ねが、長いプロジェクトで見ると、大きな差になってくる。

 ## オフセッションで雑談する

　兆候を拾う場はオフィシャルな会議の場だけではない。会議室の外で兆候を拾うことも忘れてはならない。
　私は会議が終わった後に、参加者の席まで行って雑談してくるようにしている。話のキッカケは何でもいい。「さっきの会議はどうでしたか？ 分かりづらいところはありませんでしたか？」と素直に聞いてもいいだろ

う。「いいタイミングで助け舟を出していただき、ありがとうございました」でもいい。

そして話のなかで、会議中には遠慮して言えなかったことや分かりづらかった部分がなかったかを確認する。会議の時間は限られているし、議論の流れを妨げないようにと気を使って、発言を控えている人も案外多い。

正式な会議の場では発言のハードルが高くなるけれども、会議室を出てしまえば、途端に意見が言いやすくなる。これを私は「オフセッション効果」と呼んでいる（一昔前は「たばこ部屋効果」だったが、たばこを吸わない人も増えた）。こうしたちょっとしたことやささいなことを拾い上げるのが、隠れた抵抗を拾うことにつながる。

これは普段、あまり会話をしない相手に対してこそやるべきだ。例えば、席が隣の自部署のメンバーにやってもあまり効果がない。ソリの合わないメンバーや、違うフロアにいる他部署のメンバー、ちょっと苦手なメンバーに対してこそ、オフセッションでの雑談が効いてくる。これは相当、自分に言い聞かせて実施しないと継続するのは難しい。

しかしそれを乗り越え、オフセッション効果を狙うと、うれしいおまけが付いてくる。心理学の世界には「単純接触効果」というものがある。何度も見たり聞いたりしているうちに、次第に「良い感情」が持てるようになってくるというものだ。

顔を合わせる回数に比例して、好感度も上がる。話す内容や時間の長さには関係ないらしい。つまり、会議の後に雑談をしに行くだけで、本音を引き出せて好感度まで上がる。一石二鳥の手法なのだ。

オフセッションでの振り返りメール

オフセッションでのコミュニケーションは、対面だけとは限らない。我々が支援するプロジェクトでは週に一度、1週間の活動を振り返ってメールを書くようにしている。コアになるプロジェクトメンバーは全員だ。

丁寧に書く必要はない。まとまっている必要もない。もちろん格好いい

ことを書く必要もなく、感じたことをそのまま書くだけでいい。そしてプロジェクトの関係者同士で送り合う。例えば、こんな感じだ。

✉ 振り返りメール

5月20日（金）【××プロジェクト 振り返りメール】鈴川

◆**気づいたこと、学んだこと**
　現場の営業担当者にヒアリングしたが、彼らが商品を売った後のサポートまで考えて提案していることに驚いた。このプロジェクトでもそこまで見据えた改革が必要だと強く感じた。

◆**懸念、疑問、モヤモヤ**
　ヒアリングをしたときに営業の××さんが「何かプロジェクトに違和感があるんだよな」と言っていた。これが引っかかっている。個別にケアした方がいいかもしれない。

◆**感じたこと**
　知らないことを知れるのは純粋に楽しい。プロジェクトメンバーも発言が活発でいい雰囲気。自分も貢献できるように頑張らねば。

　こういうメールを毎週、全員で送り合うのである。これを見ると自然に「確かに××さんは放っておけないかも。ちょっと話に行ってみるか」という動きにつながるようになる。兆候を拾うには非常に優れたやり方だ。
　さらに「知らないことを知るのが楽しいって書いてある。鈴川さんは普段、仏頂面をしているからつまらないのかと思っていたけれど、そんな一面もあ

るんだな」と、相手のパーソナルな側面を知る、いいキッカケにもなる。

「共感と共有」でケアする

　ここまで兆候を拾う工夫を紹介してきた。兆候が拾えたら、適切にケアしなければならない。ケアの基本は共感と共有である。
　反論されたときに推進側が陥りがちなのは「その点は考慮しています」と、自分の正当性を訴えて相手を「説得」しようとしてしまうことだ。これは結果的に無用な対立や心のしこりを残すことになる。推進側と推進される側の対立構図になってしまうからだ。
　両者の温度差は当然あるものと考えて、相手の立場に立って全力で「共感する」こと。そして必要な情報を的確に「共有」することが鍵になる。

 反論せずに、まず共感する

　多くのリーダーは共感することがおろそかになっている。誰かが「この進め方で本当にあるべき姿を描けるのでしょうか？　何かモヤモヤするんです」と言ったとしよう。それに対して、リーダーがこんな返事をしてはダメだ。

NG返答1「いや、それはちゃんと考慮しています」
NG返答2「この進め方は部長にも随分話をして決めています」
NG返答3「え？　じゃあ、どうすればいいんですか」

　これらは全部ダメ。どれも完全に自分の正当性を主張しようとしていて、共感の姿勢が一切見られない。意見を出した側も、こんなふうに言われたら、「全然話を聞いてくれないな」「進め方は既に決まっていて、私が意見を言っても意味がないんだ」「今度からはもっとプロジェクトに貢献できる発言だけをするようにしよう」という気持ちになりがちだ。
　兆候を拾ってモヤモヤを解消しなければならないのに、こんなふうに思

われてしまったら、全く兆候を拾えなくなる。

　では、どうすればよいのか。やるべきことは極めてシンプルだ。こんなふうに一言添えて、共感の姿勢を示すだけでいい。

OK返答1　「ありがとうございます。普通はそう感じますよね。でも実はかなり考慮していまして」
OK返答2　「確かに。実は私もずっと引っかかっていて、部長にも随分相談したんです」
OK返答3　「鋭いご指摘ですね。確かにその通りかもしれません。ちなみにどうするのが良いと思いますか」

　まず発言に共感し、相手に感謝していることを言葉でしっかりと伝えるのだ。ささいな違いだが、心理的にはこれが本当に大きな違いになる。まとまっていなくても、間違っていても、とにかく発言すればいいんだと思ってもらえれば、兆候はグッと拾いやすくなる。

　そして、モヤモヤしていることも、誰かに相談したらそれだけで自己解決することが多い。誰しも経験があると思う。話してみたら、それだけでスッキリしたなんてしょっちゅうあるはずだ。ため込むのが一番良くない。大事なのは、気持ちよく思いをはき出してもらう場を作ることだ。

ポイント2　説得せず、真摯に共有する

　当然のことながら、共感するだけでは解決しないことも多い。共感の次に行うべきは共有だ。

　プロジェクトで発生するモヤモヤや違和感は、その多くが情報共有不足によるものだ。「知らない」ことが生む疎外感はすごく強烈である。

　疎外感は不信感につながり、不信感は抵抗へと変わる。現場担当者に業務のヒアリングに行くと、私はほぼ毎回、こんなやり取りをする。例によって、実際のやり取りをそのまま紹介しよう。

・・

私　「…というわけで、業務の課題を洗い出すためにヒアリングをさせていただけないですか」

担当者　「はい…」

私　「おや…？　何か引っかかることでもありますか」

担当者　「いや、まあ…いいですけど、どうせシステムをちょこっと改修するだけの話でしょ。システムの使い勝手なら、定期的にシステム部門に聞かれていますが」

私　「ああ…そう思いますよね。確かにそうですよね。ちゃんと説明できていなくてすみません。実はそうじゃないんです。今回は業務の在り方から抜本的に見直しをするプロジェクトなんです」

担当者　「へえ、初めて聞きました。てっきりシステムの話なのかと思いました。確かに業務は見直すべきです。ただ、毎回ヒアリングをするだけして、何も変わっていかないので、今回も聞くだけ聞いて終わりなんじゃないですか？」

私　「確かにそう思われるのも無理はないですね。今回はそうならないように、少し進め方を工夫しています。うかがった内容を一覧表にまとめ、優先順位を付けて対応することにしているんです。何度も同じことをうかがわなくて済むように。一気に問題解決をするのではなく、優先度が高いものから確実に解決できるように。さらに、作った一覧は定期的にみなさんにもお送りして状況を共有するつもりです」

担当者　「なるほど。そこまで考えているんだ。そういう説明を今まで誰もしてくれていないんだよね。それならちゃんと問題点を話しておかないとな。業務を変えるチャンスだし」

私　「ありがとうございます。でも今のような違和感を話してもらえるのは、こちらもすごくありがたいです。今も話して下さったから、プロジェクトの考えを伝えられたわけですし。他に気持ち悪いことはありませんか？　課題をうかがうよりも、そっちの方が重要ですから」

担当者　「今のところは大丈夫。こちらこそ、ありがとう。本当は部長から聞くべき内容だと思うんだけどなあ。ウチの部長は何にも言っていなかったから…まぁいいけど。早速、本題に入りましょう！」

・・・

　このタイミングで共有できていなかったら、この担当者はプロジェクトを"敵視"したまま、抵抗勢力になっていただろう。ポイントは自分の正しさを主張して、「何を言っているんですか？」「いやそれはね…」と上から目線で話すのではなく、ただ素直に「こう考えていました」と共有することだ。これまた微妙なニュアンスの違いだが、大きな差になる。なぜなら、人は自己主張の空気を敏感に感じ取り、嫌悪感を持ってしまうからだ。
　必要な情報をただただ丁寧に伝えるだけ。<u>説得しようとすると、かえってうまくいかない</u>。

ポイント3 共有すべきものは資料に落とす

　関係者に共有すべき情報は多岐にわたるが、例えば、以下のような内容は、どのプロジェクトでも必ず共有すべきものといえる。

・プロジェクトのゴール・コンセプト・必要性
・これまでの取り組みとの違い
・検討の進め方
・実施期間と体制
・真の問題やマズさ加減
・何が変わるのか
・何が今より良くなるのか
・何が今より大変になるのか
・懸念事項は何か
・今回、取り組まないことは何か
・意思決定のプロセス

　こうしたことは日々の議論で少しずつ固まっていくのだが、プロジェクトでは忙しさにかまけて、検討の結果を資料に残さないケースが本当に多い。
　議論に参加した当人は当事者だから議論の結果をまとめた資料など必要ないかもしれないが、結果を残すのは当人たちのためではない。後から参加してくる人や関わってくれる人と、情報を共有するために必要になるのだ。検討が進めば進むほど、後から参加してくる人たちは過去の経緯が分からなくなる。「そもそもこのプロジェクトであれをやらないのはなぜなのか」といった素朴な疑問に、簡潔かつストレートに答えられるようにしておこう。
　大変かもしれないが、この手間は必ず報われる。大事なことなので、検討結果を資料に落とす具体的なメリットを幾つか挙げてみよう。

1. 人によってニュアンスが変わることを防げる

　資料がなく、毎回口頭で説明していると、伝え手によってニュアンスが変わってしまうものだ。受け取る側も自分なりの解釈を付け、さらに誰かに伝達することになる。

　<u>間違った情報が伝わることは、全く情報が共有されない状態よりも、ずっとタチが悪い</u>。なぜなら、情報が伝わっていなければ、「なぜ説明がないんだ。早く説明してくれよ」となるが、間違って伝わっていると「あのプロジェクトはけしからん、反対だ！」となるリスクが高くなってしまうからだ。

　一度生まれた誤解を解消するのは骨が折れるもの。資料にすることで、正しく伝わるようになる。結論だけでなく、経緯が見えるようにまとめておくとなおよいだろう。

2. 対面で説明できない人もケアできる

　プロジェクトが進むと、関係者は雪だるま式に増えていく。直接説明できない人も増えてくる。このときに資料があると強い。資料を見てもらって、分からないところをメールなり、電話なりで質問してもらってもいい。

　ということを踏まえると、資料は独り歩きしてもいいように分かりやすく、誤解が生まれないように作っておく必要がある。念のために言っておくが、決してきれいに丁寧に作る必要はない。誤解なく、正しく伝わればよいのだ。ただし、似た資料を複数作ってはならない。例えばプロジェクトの狙いを示した資料が3つも4つも存在するケースがよくある。状況や報告相手に合わせて作り変えてしまい、複数バージョンが生まれてしまうのだ。これは混乱の元。最新版を1つだけ、管理するようにしてほしい。

3. 全容が見えると安心できる

　<u>人間の心理として、全容が見えないとやたら不安になる</u>ものだ。プロジェクトの意義や目的、進め方などはもとより、他のプロジェクトとの関わり方、すみ分け方も気になる。会社全体の取り組みのなかで、このプロ

ジェクトがどういう立ち位置になるのかがきちんと示されていないと、このまま進んでよいものか不安になる。

資料として、「プロジェクトの意義、目的、背景などの情報」「プロジェクトで大事にしていること、コンセプト」「会社全体の活動とどう連携しているのか」などが整理されていると、しっかりしたプロジェクトだと思える。「懸念事項や検討課題」が一覧で整理されていれば、「これだけリスクの先出しができているなら大丈夫そうだな」と安心できる。

逆に、これらが全く整理されていないと、「本当に大丈夫か？　どう考えているの？」「この前に言った私の懸念事項、ちゃんと対応してくれている？」と不安を駆り立てられてしまうのだ。「見えること」がもたらす効果を甘く見てはいけない。

人事業務改革プロジェクトをリードしたプロジェクトリーダーの話

── 資料の使い倒し方 ──

次ページに示したものは、人事業務改革プロジェクトのゴールを示した資料です。

見た感じから、チーム内では「お墓の絵」という呼び方が定着してしまいましたが、何度も何度も使った大事な資料です。

この資料では、上段（墓石に当たるところ）には人材育成など、人事部として実現していきたいことが並んでいます。人事部にはこういった施策を担当している人も多く、開始当初はプロジェクトにこの辺りの推進が期待されていました。一方、土台に当たるところにはシステムや業務基盤（仕事の手順やルールなど）の整備が挙げられています。

この資料の大事なところは、業務システム基盤の構築を「第1ゴール」に設定し、その上の人事施策を「第2ゴール」にするという意思

表示がされていることです。「まず仕事の土台を整えることを先にしっかりと終わらせよう。個別の人事施策は土台が固まった後の話だ。この順番を勘違いすべきではない」という、取り組みの優先順位が表現されていることだと思っています。

この資料は本当にあちこちで使いました。口頭で説明しようとすると、ちょっと分かりづらいのですが、資料があると一発でイメージがわきます。「やらないこと（第1ゴールの対象外にするもの）」も含めて全体を俯瞰してあるからなんでしょうね。

新しく加入したメンバーや現場への説明、経営陣への説明はもちろん、プロジェクトチーム内でも定期的に振り返って確認するようにしていました。

図2-4 ある人事業務改革プロジェクトのゴールを示した「お墓の絵」

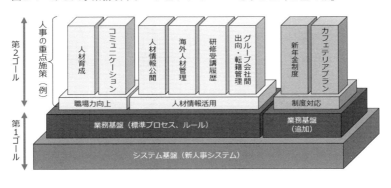

 ## コミュニケーションを設計する

資料が整理されていたとしても、適切な頻度と量を「共有」するのは本当に難しい。相当意識してコミュニケーションの機会を設けないと、すぐに不足してしまう。あなたは意図的にコミュニケーションの機会を設けているだろうか。場当たり的な対応をしていないだろうか。

普通に進めていると、プロジェクトチームの検討結果は、中間報告や最終報告で表に出ることになるだろう。でもそれだけでは全く足りない。

　当社（ケンブリッジ・テクノロジー・パートナーズ）では、コミュニケーションの機会を事前に設計するようにしている。私たちはこれを「コミュニケーションプラン」と呼んでいる。いつ、誰から誰へ、どんな媒体で、どんな内容を伝えるのかを、事前に細かく設計してしまうのだ。

　プロジェクトチームから直接話に行くケースはもちろん、上司から部下に話してもらわないといけないケースもある。部門間で話してもらった方がよいケースもある。部下から上司に、というケースだってある。報告の媒体も内容も実に様々だ。例えば、こんな具合に。

・プロジェクトチームから経営トップへ、月1回の報告会で進捗リスクを報告する
・プロジェクトチームから各組織の部門長へ、隔週で検討状況の報告メールを送る
・経営トップから各部門長へ、プロジェクトの意義・目的を対面で伝達してもらう

図2-5　コミュニケーションプランの例

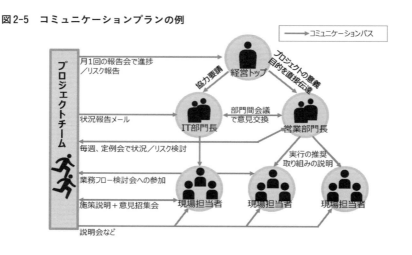

- 各組織の部門長から自部門の担当者へ、施策実行の推奨と取り組みの説明をしてもらう
- 各組織の部門長同士で課題の意見交換をしてもらう

こんなふうにコミュニケーションの内容も対象者も実に様々だ。これらをまとめて図2-5のように設計してしまうのだ。

あらかじめ設計しておけば、抜け・漏れも頻度不足も防げるだろう。これは一般的なプロジェクトマネジメントで語られる「ステークホルダー分析」とは全く異なる。通常、ステークホルダー分析では、誰が何に関心を持っているのか、誰が影響力を持っているのかなどを一覧表や図などで見える化する。

こうした表をもとに「こちらの意見を通すために、誰をどう説得していけばよいか」を考えることになる。つまり、推進側が正しくて、推進側の主張を通すために、どう説得していくのかを考えることになる。これが抵抗勢力対策ではダメなのは前述した通りだ。

必要なのは、推進チームが考えていることを真摯に過不足なく共有する

図2-6 一般的なステークホルダー分析

	重要性	方針に対する姿勢	なってほしい姿勢	個人的関心事	仕事上の関心事	対策
鈴川社長	最高	賛成	サポート	仕事	事業拡大、新規顧客の開拓	定期報告を行う
山内営業部長	高	反対	中立	ゴルフ	営業の業務効率化	プロジェクトのキーパーソンとして扱う
矢沢技術部長	中	賛成	賛成	家電	新製品開発	ソリューション選定時に相談する
安西総務部長	低	中立	賛成	アウトドア	社長との関係維持	社長から総務部の取りまとめを依頼してもらう

こと。だから「誰が何を考えているか、賛成派は誰か」なんてことは気にせずに、適切なコミュニケーションプランを設計することが重要になる。

また、キーパーソンだけをピックアップして対応するのもあまりお勧めできない。変革に関わる全ての人たちを対象に、どのタイミングでどうやって情報を共有すべきかを考えるべきである。

コミュニケーションプランの設計のなかで「現場の人たちとのコミュニケーション」を考えた結果、生まれたアイデアを紹介したい。あるプロジェクトでポスターセッションを実施したときの話である。

大手製造業の生産管理業務 BPRプロジェクトに参加した部長の話

我々のプロジェクトでは、課題が特定され、施策の方向性が見えてきた段階で、事業本部全体に向けてポスターセッションを実施しました。ポスターセッションとは聞き慣れない言葉かもしれませんが、「新卒に対する企業の合同説明会」「最新技術の見本市」「モーターショー」などを想像してもらうとよいかもしれません。大きな会場を企業ごとにブースで区分けして、興味を持ったお客様を呼び込み、自社の特徴や技術について説明するアレです。

我々のプロジェクトでは10個の施策を検討していたので、施策1つに対して1つのブースを割り当てました。施策を検討した担当者はブースで自身が考えた案を説明し、見学者からコメントや質問をもらいます。一通り質疑が終わると見学者は次のブースに行き、別の施策案の話を聞きコメントするという流れです。

社員食堂を3時間借り切り、プロジェクトに直接関係する人だけでなく、全社員に参加を呼びかけて実施しました。時間帯も自由が利くし、興味や関心がある施策だけ聞きに行ってもよいので参加しやす

かったと思います。現場はさながら、お祭りのような雰囲気で熱気を帯びていました。

　形式張った中間報告だけでは深いところまで説明できませんし、何より全社員にプロジェクトチームの思いを共有するのは難しかったと思います。現場の人たちも全ての施策に興味があるわけではないですが、自分に影響がある部分はちゃんと知っておきたい。ポスターセッション方式であれば、この「各自の興味」のさじ加減を参加者に委ねることができます。じっくり聞きたいところはじっくり聞いて、そうでないところは聞かなくてもいいのです。この難しいさじ加減を参加者自身が調整してくれるので大変助かりました。

　ポスターセッションのおかげで、1つひとつの施策に対して有益なフィードバックが得られただけでなく、全社員に興味や関心を持ってもらうことができました。プロジェクトの推進を考えたときに、これは重要なことだったと思います。

まとめ　6回伝えて、やっと6割伝わる

　オンセッションとオフセッションで抵抗の兆候を拾う動きを解説した。意見や思い、モヤモヤをはき出せる場を意図的に作っていくことが隠れた兆候を拾ううえでは有効になる。本当に面白いのだが、話す場が用意されていると、何もなくても何か話そうとする。逆に場がないと、よほど何か思うところがなければ発言しないものだ。日本人の奥ゆかしいところなのだろう。だからきっちりと拾う場を作る。

　言われてみれば当たり前の話かもしれない。だが、これを意識して計画的に実行している人がどのくらいいるだろうか。言われれば当たり前のこと、だが案外できていないことが大きな違いをもたらすのである。

拾った兆候には共感と共有でケアしていくことになる。しかし、最初は大変だ。ソリが合わない人もいるだろう。それでも、一定量のコミュニケーションを取ると、あるタイミングでしきい値を超える。スルッと理解してくれるタイミングがやってくる。

　しきい値を乗り越えるまでがつらいのだが、ここで「6度6割」という言葉を紹介しておきたい。6回伝えて、6割伝わる、という意味だ。一発で完全に理解してくれて、すごく協力的に振る舞ってくれることなどまずあり得ない。6回伝えて、半分強しか伝わらないのだから。だからあらかじめ、コミュニケーションを設計し、色々なことをしつこく伝える必要がある。これは大変手間がかかるし、面倒なのだが、この苦労を惜しんではいけない。

　例えば、当社と共に人事業務変革プロジェクトを実行した古河電気工業では、現場への説明会を230回以上も実施している。すさまじい回数だが、いかに情報共有を重視していたのかが分かるだろう。

　このプロジェクトでは「抵抗を生まない」をポリシーにして、徹底した共有を図った。結果、狙い通りに大きな抵抗を出すことなく、改革を成功させている。少し極端な例だが、それくらいやらないとダメだと思って、根気よく伝えるようにしてほしい。

　そこまではめげずに、根気よく。突き詰めて言ってしまえば、隠れた抵抗への対処は「コミュニケーション不足を解消せよ」ということになる。密なコミュニケーションが実現できれば、抵抗は"隠れて"いられなくなるのだから。

第3章 計画策定期

表立った抵抗に対応する

プロジェクトの検討が進んでくると、表立った分かりやすい抵抗も出てくる。これまで解説した通り、隠れた抵抗のうちから対応できていれば、その数をかなり減らすことができる。ただしそれでも「表に出た抵抗」をゼロにすることはできない。この時期の特徴を見てみよう。

プロジェクト計画策定期（後期）の特徴

　調査が進み、課題が特定されてくると、現場は自分たちが批判されているような気分になるものだ。抵抗というよりは防衛反応に近いかもしれない。よくあるのはこんな反応だ。

・課題分析を見た現場から「俺の部署が問題だと言いたいのか？　これ以上、どう頑張れと言うんだ」と言われる
・「誰だ？　現状に課題があるなんて言ったのは？　俺への批判か」と現場のボスが怒り出す
・「まあ、課題はその通りかもしれないけれど、何をどうしたら改善できるんだよ」と困惑される

　さらに検討が進み、施策検討の段階に入ると具体的な話になってくるだけに、反対もしやすい。このタイミングで反対意見を述べることは難しくない。以下のキーワードを発すれば、どんな施策に対しても"完璧"に抵抗できる。きっと一度は聞いたことがあるだろう。

・「リスクが心配です」
・「現状より悪くなる可能性もゼロじゃない」
・「本当に良くなると言い切れるんですか」
・「現状のままでも何とかなるんじゃないの？」
・「全然イメージがわかないな」
・「できる気がしないよ」

これらは強さレベルでみると、主にレベル2以上の抵抗になる。こんなふうに正面から批判されると、みっちり検討してきたプロジェクトリーダーとしては、反射的に自分の正当性を主張してしまいそうになる。それではダメだ。表に出た抵抗に対しては、4つの段階を踏んで対応していかなければならない。4つの段階とはこれだ。

（A）指摘や不満を"明らかに"すること
（B）方向性の不一致を解消すること
（C）進め方の不一致を解消すること
（D）客観的な判断力を取り戻してもらうこと

1つずつ見ていこう。

図3-1　抵抗のレベルとこれからの解説

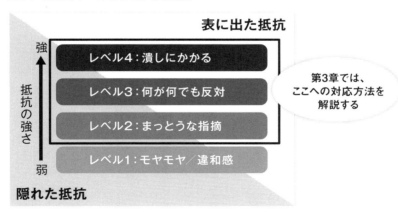

(A) 指摘や不満を"明らかに"する

　表に出てきた抵抗（ここでは主にレベル2）に直面したらどうするか。最初にするべきことは間違いなく、"明らかにすること"だ。

　はっきりと批判されているのだから、既に明らかになっているのではと思うかもしれない。でも、"ハッキリ"批判されているからといって批判が"明らか"になっているとは限らない。それはどういうことなのか。1つの事例を紹介したい。

> **事例　怒とうの指摘（前編）**
>
> 　3年ほど前に支援したあるプロジェクトで、システム導入を検討していたときのことだ。システム導入後の新しい業務プロセスを設計し、現場のキーパーソンに見てもらうことになった。業務は良くなりそうか、詰めが甘い部分や無理がある部分はないか、逆に負荷が高くなる部分はないかをチェックしてもらうのが目的だった。そのときの会話がこんな感じだ。作成した業務フローを説明し、私からこんなふうに切り出した。
>
> 　「こんな形で将来の業務フローを設計しました。まだ粗い状態ですが、懸念などフィードバックをいただけないでしょうか」
>
> 　すると、私が言い終わるか終わらないうちに、キーパーソンが畳みかけてきた。
>
> 　「いやあ。○○も駄目だし、△△も考慮していないでしょ？　××はどうなっているの？　そもそも□□のリスクを見込んでいるのかな？　そこまで考えてくれていないと、現場としてはちょっとねえ。こんな状況だと、このプロジェクトは厳しいと言わざるを得ないな」。怒とうの批判だ。さすがにちょっと驚いた。

これはレベル2のなかでもかなり強い抵抗だ。こういう状況に出くわすと、ついついこう答えたくなる。「いやいや、考慮していますよ。まずリスクについてはですね…」

　これはダメ。指摘や不満を明らかにせず、逐次反論して、自分の正当性だけを押し通そうとする動きといっていい。これをやってしまうと相手も意地になり、あっという間に完全な抵抗レベル3に育ってしまう。
　ここでまずやるべきは、意見をくれた人が何を気にしているのか、何が気に入らないのかを"明らか"にすることだ。相手の主張を正しく理解してからでなければ、反論してはいけない。
　正しく理解するには「洗いざらい指摘や不満を書き出す」のが手っ取り早くて確実だ。このときはこんなふうに対応した。

> **事例** 怒とうの指摘（後編）
>
> 　「そんな状況だと、このプロジェクトは厳しいと言わざるを得ないな」。キーパーソンにこう言われて、内心は反論したくて仕方ないのだが、そこはグッと堪えて、「なるほど、たくさんのご意見をありがとうございます。ちゃんと整理したいのですが、書き出してもいいですか？」と応じる。
>
> 　そして、○○も△△も××も、アレもコレもダメだと言われたものを1つずつ丁寧に書き出していった。書き出したものをベースに議論を深めていく。
>
> 　「これで今の懸念は全部洗い出されていますか？」と私が問い掛けると、書き出した一覧を見ながら、キーパーソンが答えてくれた。
>
> 　「そうだね。だいたい出ているよ」

まずは指摘や不満を出し切るのが大事なので、第1関門はクリアだ。それでもよく分からない指摘もある。これをあやふやなままにすることはできない。きちんと指摘の内容や意図を明らかにするまでは、やはり反論してはならないからだ。

「5番目の懸念事項は、今回のケースだとそれほど気にしなくてもいいような気がします。なぜそう思われたのかを、もう少し詳しくお話いただけませんか？」「ああ、それはね、過去の経緯で…」

確認すると、ほとんどの人は真摯に説明してくれる。ここまでやってようやく、指摘や不満が明らかになった状態が作れる。

「こうしてみると、多少重複があるね。色々と言ったけれど、1番目と3番目は同じ内容だ。まとめていいよ。5番目は言ってみたものの、大した問題じゃないから消してもらっていいや」「分かりました。まず大事なのは1番目と2番目、4番目ということですね。これがちゃんとクリアになれば、スッキリしますか？」「そうだと思うよ」

ここまででくれば、あとは1つずつ議論していけばよい。「では、1番からですが…」

図3-2　洗いざらい指摘や不満を書き出してみる

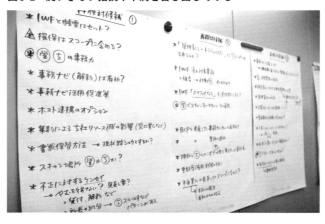

これが"明らか"にするということなのだ。正しく批判を受け取ることが重要であり、そのためには気をつけるべき4つのポイントがある。

 指摘事項を見える化して整理する

バッと挙げられる指摘には、よくよく聞いてみると同じことを違う観点から話していたり、批判ではなく単に質問だったりするものも混在している。これらを見える化し、整理して本当の指摘事項を寄り分けていくことが第一歩である。これは事例のように「書き出す」ことで整理しやすくなる。特に感情的になっていると、話している本人も整理がついていないことが多く、冷静に書き出して、客観的に見えるようにしないと、ふわふわした指摘と闘わなければならなくなる。

内容が整理できれば、優先順位もつけやすくなる。今すぐに議論すべきもの、もう少し先でもよいもの、そもそも議論しなくてよいものを切り分けることは重要である。しっかり対応すべきものを明確にしよう。

 指摘の真意を確認する

指摘事項が整理できたら、次に重要になるのは、その真意を引き出すことである。真意を引き出すとはどういうことか。例を見てみよう。

> **NG例**
>
> プロジェクトの関係者から「A部門を巻き込んだ方がいいんじゃないか」という指摘をもらった。話を聞いたプロジェクトリーダーは、確かにA部門の部長は発言力があるしなと考え、その場でこう答えた。「確かにそうですね。ちょっとプロジェクト内で検討します」
>
> そしてプロジェクト内での議論の結果、A部門の部長に定期的に報告に行くことになったのだ。プロジェクトリーダーは「ちゃんと関係者からの意見を汲めてよかった」とホッとしていたが、数週間後、関係者か

ら同じ指摘をもらうことになる。「A部門を巻き込んだ方がいいと思うんだよ」と。既にA部長は巻き込んでいるはずなのに、なぜなのか。

　これは関係者の真意を汲み取れていない例である。OK例を見てみよう。

OK例

　プロジェクトの関係者から「A部門を巻き込んだ方がいいんじゃないか」という指摘をもらった。指摘内容は簡潔でよく分かるのだが、何を気にしての指摘なのかは、イマイチはっきりしない。

　確かにA部門の部長は発言力があるので、後からプロジェクトがひっくり返される懸念があるのかもしれないが…。

　プロジェクトリーダーは、念のため指摘の真意を確認してみることにした。「ご指摘はA部門の巻き込みですよね。あそこの部長さん、発言力がありますけど、それを気にしてくださっているんですか？」

　「いや、それもあるけれど、むしろ田中課長なんだよ。彼は前回のプロジェクトの中心人物で、今の業務に相当なこだわりを持っているはずなんだ。下手な改革案を持っていくと一蹴される恐れがあるんじゃないかと思っているんだ」

　「そうだったんですか。だとしたら、一度プロジェクトに対する思いや考えをうかがいに行った方がよさそうですね」

　「うん。その方がいいと思う。A部門というか、田中課長の巻き込みということかもしれないね」

　「分かりました。ありがとうございます」

　「A部門の巻き込み」という上っ面だけを押さえていたら、本質的なケアはできなかったことが分かるだろう。発言の真意をここまで引き出して、指摘や不満を明らかにしないと必ず、こういうことが起こる。

ポイントは「何をすべき」と言っているのかだけでなく、「何を気にして、そう言っているのか」を確認することだ。何を気にしてくれているのかがはっきりするまでは、指摘や不満は明らかになっていないと心得てほしい。

ポイント3 受け止めたことが伝わるようにする

「あなたの意見、しっかりと受け止めましたよ」と示さないと、「せっかく指摘したのに流された」という印象を持たれてしまう。こうなると顔を合わせるたびに、何度も何度も繰り返し批判されることになる。これを放置すると抵抗のレベルが進んでしまうのだ。

指摘をきちんとまとめておけば、「あ、この間のご指摘ですよね。ここに書き留めてあります」とか、「前回のご指摘はシステムを作る段階になったときに、しっかりと対応しようと思っています。忘れないように、ここに記録していますよ」と言えるようになる。これが心理的な安心感を生み出してくれる。

本当にささいなことだが、人の気持ちは極めて敏感であり、後に大きな違いとなっていくのである。

ちなみにまとめるのは、ホワイトボードや模造紙に書き出しても、エクセルに記録しても構わない。何にしても、後からサッと振り返れる形にしておけばOKだ。

ポイント4 「"一緒"に解決する」モードに移行する

単に議論しているだけだと「批判者vs推進者」の構図になりがちだ。あなたは推進する人、僕は批判する人、という構図。

しかし、やっつけたいのは推進者でも批判者でもなく、指摘や懸念事項であるはずだ。誰もが自分の会社を良くしたいと思っているのだから、誰が正しい、誰が間違っている、なんて対立構図に何の価値もない。指摘や

懸念事項を"一緒"に解決していく形を作りたい。

つまり、批判者が自ら挙げた指摘や不満を、自ら解決する形にしてしまいたい。

そのためには、指摘や不満を物理的に書き出してみること。「目に見えない批判」を「書き出された批判」にすることで物理的に存在させることが有効だ。面白いのだが、物理的に目に見えるようになると、「Aさんの批判」は「誰かが言った批判」になる。つまり、人物と批判が切り離され、独立して存在するようになる。こうなると「批判者vs推進者」の構図から、「（批判者＋推進者）vs 書き出された批判たち」という構図が作りやすくなるのだ。他にも、全ての批判をはき出し切ってもらうことも有効だ。

ある事務改革プロジェクトに参加した課長の話

【ごっそりメンバーが入れ替わり、新メンバーからは不満が噴出。"明らかに"したことが転機に】

　私がプロジェクトに参画したのは調査や分析が終わり、施策も打ち出されて計画作りが一段落したころでした。施策を実行していくには

> 　現場のキーパーソンが必要だということで、現場の課長に対し、プロジェクトに参画するように命令が出たのです。私もその1人でした。
> 　ところが既存の検討メンバーの半数が同じタイミングの人事異動でいなくなり、代わりに私たちが8人ほど入ったので、プロジェクトの経緯を知らない人の方が多くなってしまいました。
> 　これまでの経緯を知らないし、検討していたメンバーも半分しかいないし、正直プロジェクトには不信感を持っていました。私だけじゃなく、途中参画組のメンバーはみんな同じ気持ちでしたね。懸念や不満の声があちこちから聞こえてきました。でも、あまり表立って批判するとプロジェクトが立ち行かなくなることも目に見えていて、大きな声では言えない状態にあったのです。
> 　そんなころ、ケンブリッジさんから「不満ぶちまけ会」をやりましょうと提案されて驚きました。そんなことをやっても、何も解決しないし、混乱するだけじゃないかと思いました。
> 　でもやってみると、それぞれの立場から40個ほどのリスクが出され、整理して優先順位を付けた結果、「今後、対応していくべきリスク10個」が会議の成果として残ったのです。
> 　今だから言いますが、いきなりプロジェクトに参画しろと言われて、何だか乗り気じゃなかったんだと思います。ところが2時間近く好き放題文句を言わせてもらって、それが目の前で10個のリスクに整理されて、これから何をしなければいけないのか、何を考えなければいけないのかがスッキリした気がしました。今考えると、あれが最初の転機だったのかなと思います。

　以上が"明らかに"するということだ。極めてまっとうな話だと思うが、実際にここまで丁寧にやっているケースはほとんど見かけない。表立った抵抗は、プロジェクトにとって死活問題になる。手を抜かず、丁寧に対応すべきである。

さて、指摘や不満が明らかになったら、次は対応だ。だが、やみくもに対応する前に、批判の根っこを見極めておくといい。
　そもそも、なぜ批判が起こるのか。批判は大きく分けて2つの"納得がいかない"によってもたらされる。「プロジェクトの目指す方向性に納得がいかない」と「進め方に納得がいかない」の2つだ。
　どちらの「納得がいかない」が根っこにあるのかによって、対応方法が異なる。1つずつ見ていこう。

（B）「目指す方向性に納得がいかない」を解消する

　プロジェクトの目指す方向性に納得がいかないということは、「何のために、何をするプロジェクトなのか」がすり合っていないということだ。だとすると当然、抵抗も出てくる。例えば、こんなコメントを見つけたら方向性に納得がいっていないと考えていい。

「本当にこれをやるの？」

「そんなプロジェクトよりも、現業を回すことで手一杯だよ」

「そんなに時間をかけてやるべきことか？」

「これをやると、俺の部署の負担が増えるんじゃないのか？」

「この取り組みは総務部の所管でしょ？俺たちには関係ないよ」

こうした発言の裏には、「変革よりも現状の業務を回す方が大事。なぜわざわざ大変なことをやらなければならないのか理解できない」という心理が見え隠れする。プロジェクトで達成しようとしていることの価値や必要性が一致していないが故に起こる現象だ。どうしたらこれを合わせられるのか、2つのポイントを紹介する。

方向性に合意するポイント 1 ▷ 問題解決の6層構造を押さえて議論

　「プロジェクトの方向性」と一口に言っても、実に様々な要素が含まれる。分解してみると、下の図のように「現状、課題、原因、施策、効果/投資/リスク、目指す姿」といった6要素で構成される。プロジェクトの方向性に合意するということは、これら6つの要素全てに合意するということになる。各要素について少し触れたい。

図3-3　問題解決の6層構造

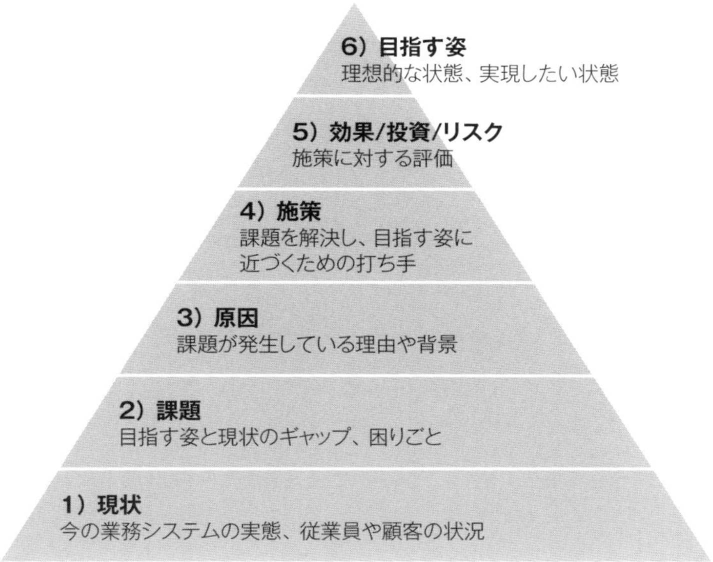

6）**目指す姿**
理想的な状態、実現したい状態

5）**効果/投資/リスク**
施策に対する評価

4）**施策**
課題を解決し、目指す姿に近づくための打ち手

3）**原因**
課題が発生している理由や背景

2）**課題**
目指す姿と現状のギャップ、困りごと

1）**現状**
今の業務システムの実態、従業員や顧客の状況

第1階層「現状」：文字通り、今現在、何が起こっているのか、業務やシステム、顧客や従業員がどんな状況にあるのかを示す。単なる事実であり、人の主観は入らない。

第2階層「課題」：現状での困りごと、解決したいなと感じていることが課題になる。または"現状と目指す姿との差"が課題という捉え方もできる。

第3階層「原因」：課題が発生しているのはなぜなのか。理由があり、背景があるはずだ。これが原因になる。

第4階層「施策」：課題を解消し、現状を目指す姿に近づけるための打ち手が施策になる。通常、原因を踏まえたうえでないと、有効な施策が出せない。また、目指す姿が見据えられていないと、表面的な改善にとどまりがちになり、本質的な施策が出せない。

第5階層「効果／投資／リスク」：施策を実施しようとすると投資が必要になり、リスクも伴う。また、得られる効果の大きさも施策ごとに異なる。

第6階層「目指す姿」：施策によって現状が変わり、実現される状態が目指す姿になる（ただし、当面到達できない高みを目指す姿として設定することもある）。

　こんなふうに多くの要素が密接に絡んでくるため、どこについて話しているのかを見失うケースがとても多い。これがプロジェクトの方向性に合意しづらい原因の1つである。
　これは、各要素の位置関係をしっかり把握したうえで<u>「今どの階層について議論しているのか」「どの階層がネックになっているのか」を確認しながら議論すると、かなり解消できる</u>。
　例えば、こんなシーンだ。あるプロジェクトで「ペーパーレス化」とい

う施策が打ち出されていたが、その是非は賛否両論だった。

・ペーパーレス化は効果があると言う人
・ペーパーレス化しても意味がないと言う人
・ペーパーレス化は手段であって、目的ではないと言う人
・ペーパーレス化以外にも有効な施策があると思うし、そもそもペーパーレス化ありきなのは間違っていると言う人

　こうなると、どこからどう議論すればみんなの思いがまとまるのか見当もつかなくなる。ここで「問題解決の6層構造」の出番だ。この図を使って、どこに不満があるのかを確認していくといい。
　「ペーパーレス化は手段であって、目的ではない」と言う人は、おそらく、第4階層の施策についての議論しかしておらず、第6階層の目指す姿について合意がなされていないことに不満を持っているはずだ。
　だから、どんな状態を目指すのか、そのためにいかにペーパーレス化が有効なのかを議論する必要があるだろう。
　「ペーパーレス化ありきなのが気に入らない」と言っている人は、第2階層の課題や第3階層の原因を踏まえたうえでの施策（ペーパーレス化になっていないこと）が気に入らないのである。だから、課題や原因に立ち戻り、改めて施策のアイデアを洗い直すところから仕切り直すと、ズレが解消できるかもしれない。
　こんなふうに、どの階層の調査や合意形成が不足しているのかを見定められ、その要素に議論を集中できると、批判者との対立構図を抜け出しやすくなるだろう。
　ちなみに、どの階層から議論を始めても問題ない。「目指す姿」を描いてから下層に降りて行ってもよい。「施策」に当たりがついているなら、そこから始めてもよい。喫緊の課題や困りごとがあるなら「課題」から始めることもあるだろう。
　どこから始めてもよいのだが、最終的に6つの要素全体が整理され、つ

ながりが明らかになっていないと、プロジェクトの方向性としては合意するのは難しい。ここでは6つの要素の存在と、最終的に全てを明らかにすべきということを念頭に置いてもらいたい。

方向性に合意するポイント 2 「3つの前提」を合わせる

「問題解決の6層構造」はあくまでも議論の全体感を示すものであり、議論のかみ合わせをよくするツールでしかない。そこで、そもそも施策に合意できない根本的な原因を考えてみたい。

実は問題解決の6層構造は、基本的に下層がすり合わないと、上はすり合わない構図になっている（厳密には「目指す姿」だけは例外で、下層が一致していなくてもよいのだが、ここでは割愛する）。

例えば、「施策」でモメる場合、「課題」認識がすり合っていないと思っていい。「課題」でモメる場合は「現状」がすり合っていないと考えて間違いない。「見積書を作るのに1週間かかる」という「現状」を、「他社とのスピード競争に負けてしまい、失注につながっているから問題だ」と考えるAさんもいれば、「1週間程度かかるのは問題にならない。むしろ、精度

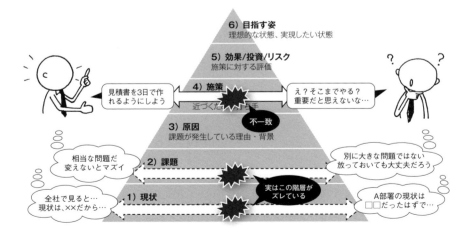

の高い情報を出す方が信頼を得られるので良い」と捉えるBさんもいる。
　こうなると、Aさんが「作成期間を3日に縮める施策」を提案しても、そこを問題視していないBさんからすると、言っていることが全然理解できない。「まあ、短いに越したことはないけれど、そこまでやる必要があるの？」と感じてしまうのだ。
　<u>上層がすり合わない原因は、基本的には下層にある。すり合わない層だけいくら議論しても、下層のズレを解消しないと、うまくいかないのだ。</u>
　このメカニズムが分かってくると、最も基礎となる「現状」の認識をすり合わせることが重要だと気づける。実際に、現状の理解がズレているために、「効果」や「施策」がすり合わないケースは本当に多い。
　では、「現状」を一致させるためには、何に気をつければよいのだろうか。やみくもに現状を見える化すればよいというものでもない。以下の3つの前提を意識的に合わせることが必要になる。

「第1階層＝現状」をそろえるために、3つの前提を合わせる
1.見ている事実　　2.見ている範囲　　3.見ている時間軸

それでは1つずつ見ていこう。

1.「見ている事実」を一致させる

　例えば、「月初に業務が集中していて大変だ」という課題があったとする。たったこれだけのことでも、

```
・"月初"は具体的に何営業日目なのか？
・"集中"は平均の何倍くらいなのか？
・東京と大阪で同じように集中するのか？
・どのくらい影響が出ているのか？
```

という観点で、関係者全員が同じ認識を持っているとは限らない。むしろ、ズレていることの方が普通である。

　これを一致させるには「事実」をしっかりと見えるようにするのがいい。このケースでは「業務が集中する」という、ぼやっとした課題を定量的に調べて状況を明らかにした。その結果、以下のようなことが明らかになった。

・確かに月初に集中している
・特に5営業日に極端に集中している
・特に東京での集中度合いが高く、平均値の8倍にもなる
・大阪、名古屋の集中度合いはそうでもなく、1.2倍程度である
・集中度が高すぎて、業務精度が20％低下している

　ここまで丁寧に調査して、ようやく見ている事実がそろってくる。こんなふうに「事実」合わせをしていないと、大阪の担当者は「集中しているといっても、ちょっと残業すれば解消できるレベルでしょ？　別に手間暇

図3-4　見ている事実を一致させる（その1）

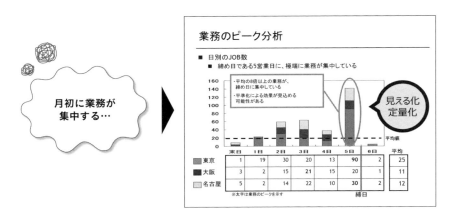

かけて解決すべき問題じゃないよ」と言うだろうし、東京の人は「これは絶対に解決すべき由々しき問題だ」と発言するだろう。こうなると、絶対にプロジェクトの方向性は一致しない。

　放っておくと「東京の奴らは自分たちの仕事を楽にすることしか考えていない。仕事がパツパツだなんて言うけれど、俺たちは工夫してなんとかしのいでいるんだ。努力もせずに、無能な奴らはこれだから困るよな」となりかねない。「見ている事実を一致させる」のは極めて重要なことだ。

　別の例を見てみよう。例えば、業務フロー図で示すこともある。ただし、単に業務の流れを書けばよいというわけではない。

　このときは「請求書を出すまでにやたらと手間がかかっている」という抽象的な課題を、業務のステップに伴うシステムとのやり取りをフロー図に示すことで明らかにした。こうしてみると、業務の半分以上は転記（システムからシステムへのデータ転記、紙資料からシステムへのデータ転記、システムからエクセルへのデータ転記）で占められていることが一発で分かる。

図3-5　見ている事実を一致させる（その2）

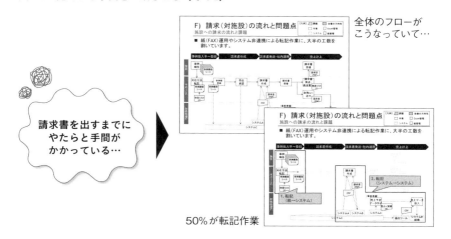

ここまで見えると、誰でもこの状況が無駄であると思えるようになる。逆に言うと、このくらい丁寧に明らかにしないと、第4階層の「施策」はおろか、第2階層の「課題」認識もそろわない。

2.「見ている範囲」を一致させる

　代表例は「自部門の範囲で考える人」と「全社横断で考える人」のズレである。変革プロジェクトではしょっちゅう起こる。「あいつは視点が低い」なんて愚痴が出るケースは、この状態になっているはずだ。

　自部門だけを見た場合と全社を見た場合では、見えてくる課題も重要度も異なってしまう。普通に考えると、自部門に閉じた思考でいいはずがなく、全社視点を持つべきである（難しいのはグループ会社や協力会社が絡むケースだ。これはプロジェクトのスコープや各社との関係性にもよるので、一概には言えない）。

　見ている範囲を一致させるには、部門に閉じた視点を全社視点に広げるしかない。それには「全体を俯瞰する絵」を描くことが有効だ。

　下の図は「データの転記作業」についての全体俯瞰図だ。この図を作成したプロジェクトでは、基幹システムの刷新に向けて現状業務調査を行っていた。数多くの部署に協力してもらい、丹念に業務を棚卸ししていくう

図3-6　見ている範囲を一致させる（その1）

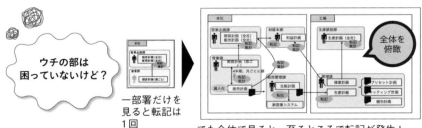

ちに、全てのヒアリングに出席していたプロジェクトメンバーがふと「この会社、やけにデータを転記したり、集計したりする仕事が多いな」と気づいた。だがヒアリングでは「転記や集計作業が大変で困っている」という課題は特に出ていなかった。

そこで「転記や集計が多いのではないか」という仮説を持ったプロジェクトメンバーが、全社の業務を転記というキーワードで整理し直すと、問題点が浮き彫りになった。各部署で1回だけ発生する「データの転記作業」も、全社を横串で見ると、同じような転記がフォーマットを変えつつ、何度も行なわれていることが分かったのだ。全体俯瞰図があれば、自然と視点が広がる。

他にも「システム俯瞰図」などはよく描く。以下はシステム間インターフェース（システム間でのデータ連携）という切り口で全体を俯瞰した図だ。

線の種類は連携の方法を示している。点線は手動での連携、実線は自動での連携である。この図があると、手動連携の多さや連携パスの複雑怪奇さが実感とともに伝わるようになる。

この図がないなかで「インターフェースが問題で」なんて言っても、「俺の部署ではシステムを1つしか使っていないし、そんなことが問題だなんて聞いたことがない」となってしまう。

図3-7　見ている範囲を一致させる（その2）

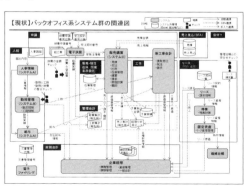

第3章　計画策定期　表立った抵抗に対応する

3.「見ている時間軸」を一致させる

これは、何年先まで見据えているかがズレているケースだ。短期的な視点で見ていると、「システム構築は大変だから、今のままでいいのではないか」「現状でもそれほど困っていないから」「何か変えると現場から不満が出るから」など、現在を中心に物事を考えがちだ。しかし、本来はもっと先まで、例えば5年後、10年後を見据えるべきである。

半年先を見ている人と10年後を見据えている人とでは、当然のことながら話がかみ合うわけがない。かといって、「10年後を見据えて考えてくださいよ」と現場の担当者に迫ったところで問題は全く解決しない。

よくやってしまう失敗は、こんなふうに詰め寄ってしまうことだ。「××さん。視点が少し短いんじゃないですか？　長期で考えたら、当然A案を選択すべきでしょ」「将来、本業が成り立たなくなるリスクを考えると、A案をやっておくべきじゃないですか？」

これは「長期で考えろ」と主張しているだけで、「長期視点で考えること」の助けにはなっていない。

時間軸が短い人は長期視点で"考えていない"のではなく、考えられないのだ。想像力が足りないとか、想像できるだけの情報を持っていないとか、色々な要因があるが、いずれにしてもできないことをやれと迫っても意味がない。

ではどうすればよいのか。時間軸をそろえるには、具体的な将来予測を示すのが一番いい。

「このまま放っておくと、5年後には保守費が3倍になるけれど、それもやむ無しですか？」「今の業務プロセスだと、これ以上のスピードが出ず、競合他社にじわじわとシェアを奪われると予想されるけれど、それでも現状を維持しますか？」

こんな具合に、中長期の視点で何が起こるのかを具体的に示す。それを元に議論するのだ。

相手の想像力に頼らず、こちらで補えばよい。見ている時間軸がそろえば、自然と「現状」の捉え方もそろってくる。

ここまで3つの前提を合わせることを解説してきた。もちろん、これでプロジェクトの方向性に関して、全てが解決できるとは思っていないが、問題解決の6層構造が押さえられ、最下層の現状をそろえたら、あとは一層ずつしっかりと議論していくしかない。

（C）「進め方に納得がいかない」を解消する

　「プロジェクトの方向性に納得がいかない」ケースを除くと、次に特筆すべきは「進め方が気に入らない」というケースである。これは案外多い。以下のような話が出てくるなら、進め方が合っていないと思っていい。

「現状調査なんて不要じゃないの？」
「人事部に話を聞かないのはなぜだ？」
「検討の視点が漏れてしまわないか心配だ」
「目指す姿から議論すべきだろ？」
「話の筋が違う」

　進め方が一致していないときの対応策は、割とシンプルだ。2つ紹介しよう。

進め方を一致させるポイント 1　極力相手の意見に乗っかる

　大幅な計画の見直しが不要なら、相手の意見に極力乗っかる方がいい。やる/やらないで長々と議論するよりも、相手の意見に乗っかって、さっさとやってみた方がメリットが大きい。有益な結果にならなかったとしても、別に問題ない。「俺の主張を汲んでくれた」と思ってもらうことも大事なのだ。

以前、コンサルタントとして支援したプロジェクトで、クライアントのキーパーソンから呼び出されたことがある。「榊巻くん、この進め方はちょっとおかしいと思うんだよ」と切りだされ、ドキリとしたのを昨日のことのように覚えている。

　こんなときはまず、批判を見えるようにしないと…。ドキドキしながら、どこがおかしいか、なぜそう思うのかを丁寧に聞いていった。すると「課題分析として、なぜなぜ分析をやらないのはおかしいだろ。業務改善の権威が知人にいる。彼は必ずなぜなぜ分析をやると言っていた。なぜ君たちはやらないんだ？　そんなやり方で真因にたどり着けるのか？」という話だということが分かった。

　このときは、課題発生のメカニズムがそれほど複雑ではなく、割りとシンプルな構造になっていることが予測できた。そのため、なぜなぜ分析やイシューツリーのような相関分析は不要と考えていたのだが、ここで「必要だ／不要だ」の議論をしても、あまり意味がない。

　僕らの意図はお伝えしたうえで、彼の意に沿う形でなぜなぜ分析をやってみることにした。材料はそろっていたので、それほど時間はかからずに実施できた。でき上ったものは予想通り、「まあ、そうだよね」という感じになったが、キーパーソンは「いいじゃないか。やっぱりこういうのがないとね」とスッキリした様子。そのときから非常に積極的にプロジェクトに関わってくださるようになった。

　出てきた結果よりも、関わる人の「スッキリ感」が大事になる局面もある。指摘を突っぱねて、あとから「あのとき、なぜなぜ分析をしなかったからだ。それみたことか」と言われるのは、プロジェクトに甚大な影響を及ぼす。関わる人たちの納得感を大事にすることは、後々の効率性をグッと高めることにつながる。

進め方を一致させるポイント 2 　一緒に練り直す

　とはいえ、安易に乗っかれない主張もあるだろう。例えば、「現場の声

は大事だ。だから全社員1人ひとりにヒアリングすべきだ」という主張にはなかなか乗っかれない。

　こうしたケースでは、一緒に進め方を考え直すのが効果的だ。「全拠点にヒアリングに行くべきだ」と言われたら、決して「いやいや、何を言っているんですか？　時間的に見て、どう考えても無理ですよ」と否定してはならない。まずは「共感」である。

　「それも一理ありますね。ご指摘はごもっともですし、それが理想的かもしれません」と肯定してから、「実は10月までに一定の成果を求められていまして。しかも動ける人員は4人だけなんです。どうしたら全拠点を回れるか、一緒に進め方を考えてもらえませんか？」と聞いてみる。大抵の人は「うーん、それだと確かに厳しいな。どうするのがいいか」と一緒に考えてくれる。そうして一緒に考えた結果、ほとんどが元々プロジェクトで考えていた進め方に落ちつく。

　しかし、このプロセスが極めて大事なのである。よく見ると、<u>この時点で既にプロジェクトに巻き込めている</u>ことに気づいただろうか。一緒に考えるということが巻き込むことになる。こうなれば「問題提起はしたけれど、さてどうしようか」という協働の関係が作れて、納得感が生まれやすくなる。

(D)「客観的な判断力」を取り戻してもらう

　ここまでは、まだ「聞く耳」を持って下さっている、まっとうな批判者（主にレベル2）に対する対応方法を解説してきた。まっとうな状態にある人なら、前述の2つの不一致を解消できれば、協働関係が作れているはずだ。

　ここではこじれにこじれて、「とにかく反対！」となってしまったかたくなな抵抗への対応方法を解説する。表に出た抵抗のなかでも、特にレベル3、レベル4の段階に相当する。

　「何が何でも反対」となってくると、合理性を欠いた反対が横行する。

以前、施策の是非を問うシーンで「理由は説明できないが、とにかく嫌なんだ」と、面と向かって言われたこともあるし、「全体としてはいい変革だと思いますが、この部分はやるべきではないと思います」と、その人の部署が担当するところだけ変革を拒否されたこともある。

今の業務に思い入れがあるとか、現在のシステムを全部設計してきたプライドがあるとか、改革を推進する人が嫌いだとか、色々な事情によって「とにかく反対」状態になっているのだ。

図3-8　抵抗のレベルとこれから話す部分

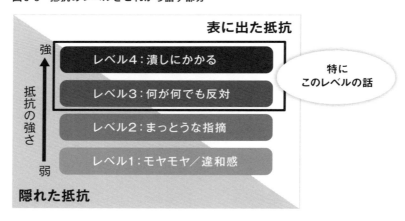

理性的な判断力がなければ、前述の論理的な対応ももはや役に立たない。様々なしがらみを越えて、客観的な判断をしてもらうために私たちがよく使う6つの対策を紹介しよう。

判断力を取り戻してもらうコツ 1　自分のことではなく、他人事として考えてもらう

人はとにかく変化や不確実なことを嫌う。心理学や行動経済学の実験では「将来手に入ると期待されるものよりも、現在持っているものを大事にし過ぎてしまう」という、人間の不合理な性質が何度も確認されている。

人はそもそも合理的には判断できない生き物なのだ。

　だから、現在の業務やシステムに問題があったとしても、実際以上に価値があるように感じてしまう。そして変化への一歩が踏み出せなくなる。そんなときは今の立場から離れて考えてもらうために、こんな問い掛けをしてみるとよい。

　「今この業界に新規参入する会社がゼロからこの仕事を設計するとして、やっぱり同じようなやり方をしますかね？」

　これはなかなか効く。自社のしがらみをいったん取っ払って考えることができるので、現状維持から抜け出すキッカケが作りやすい。実際、「いやあ。だったら、こんな業務にはしないよな」と言ってくれることも多い。そうなればすかさず、「なるほど、どうしてでしょうか？」と掘り下げていけばよい。そのあとで大抵は「でも、ウチの現状では無理だな」と言われるが、話のキッカケとしてはよい。

　他にも「ライバルのＡ社だったら、同じようにやりますかね？」「仮に組織の制約がなかったとしたら…」「仮にあなたが社長だったら…」など、仮定を無理やり置いて考えることを促すことはかなり有効だ。

判断力を取り戻してもらうコツ 2　「現状の悪さ」でなく「将来どうすべきか」に話を向ける

「現状に課題がある」と言われると、すごい拒否反応を示す人がいる。長年、第一線で頑張ってきた人ほど、その傾向が強い。今までやってきた努力が否定されるような気がするのだから、当然といえば当然である。私たちは現状調査や課題分析のときにとても気を使う。「今の状況が問題であるか否か」で時間を使うよりも、「将来に向けて改善の余地があるのかどうか」を語る。相手が現状にこだわりを持っている人なら、特にそうだ。

これまで積み上げてきたものが問題か、そうではないかの押し問答をするのは時間の無駄で、意味がない。現状がどんな経緯で作られたのか、いかに妥当な判断だったのかをひたすらに説明されるのがオチだ。過去の話は極力少なめにして、「今発生している問題は、このプロジェクトをキッカケに解決しなくてもよいのか」「このまま放っておいていいのか、改善に向けた検討をすべきなのか」を問うのだ。

初めから「当時のリソースや状況を踏まえると、当時の選択はベストだったんだと思います」と言い切ってしまい、心理的なセーフティーネットを張っておくこともある。こうすることで、過去から解放され、「まあ、そうなんだよ。今この瞬間だけを見ると改善した方が良いことは多いんだけどね」と前向きな気持ちになってくれる。

一方で、強烈な自己反省がプロジェクトの原動力になるケースもある。本来はこちらの方が健全だが、生え抜きの社員だったり、現行業務への思い入れが強い人ほど自己反省、自己否定を受け入れるのが難しいのも事実である。状況を見ながら使い分けたい。

> **事例**　「現状がベストだ」と言い張る担当者とどう向き合うか
>
> 現状の課題を洗い出していたときのこと。システム担当者に現状の

課題をヒアリングした。その会社のシステムは重複したデータテーブルが数多く存在し、一意性や柔軟性という点で改善の余地が大きいように思えた。実際にデータテーブルがネックになり、新たに出てきている顧客ニーズに対応できておらず、苦労しているという事実もあった。

しかし、システム担当者には「これまでの経緯と業務側からの要件を考えると、現状のシステムはベストな状態にある。課題があると言われるのは心外だ」と言われてしまった。

「業務の要件を十分に聞いたうえで、自分たちはこれまでちゃんと仕事をしてきた。あなたたちには分からない過去の要望が積み重なっているんだ」と言い張る。自分たちはベストな状態を保ってきた。これ以上の対応はできなかったはずだ、という意志が込められていた。長年誇りを持って仕事をされてきた人によく見られる反応である。

とはいえ、現状のシステムには周囲から多くの不満の声が挙がっているのも事実だ。「現状がベストですね。改善点は何もありませんね」と引き下がるわけにはいかない。

そこで、「現状の課題」ではなく、「将来の要件に対応するうえでの課題」に目を向けることにした。「現状の課題」というと、過去を否定してしまうことになるので、「将来予測される（または現在出てきている）ニーズに答えようとすると、システムで何が障害になるのか」を丁寧に確認することにした。

例えば、「ここ最近サービス部門から、××の切り口でデータを集計し、顧客サービスに活かしたいと、新たな要望が出ているのですが、実現に向けて何が障害になるでしょうか」といった具合だ。

これはうまくいった。新たな要望なのだから、今のシステムで対応できないのは当然で担当者に非はない、という心理的安全性を確保し、「将来に向けたシステムの課題と、その原因になっている業務要件」を引き出すことができた。あとは1つひとつ、どう解決するかを議論していけばよい。

少し極端な例だが、現行業務に誇りを持っている人は、多かれ少なかれ、この傾向がある。慎重過ぎるくらいでちょうどよいだろう。
　このようなケースだと、経営陣からガツンと圧力をかけてもらうこともできるが、それだと本音を引き出し、協力態勢を引き出すことは難しくなってしまう。面従腹背の状態になり、将来、大きな抵抗勢力にもなりかねない。できるなら、こうして心のわだかまりを解き、スムーズに協力してもらえる形を作っておきたい。

判断力を取り戻してもらうコツ 3 ＞ 実行しないリスクを示す

　とにかく反対となっている人は、好んで「リスク」を指摘する。投資対効果などは現状を積み上げていけばある程度、確からしい数字が出せるが、リスクは厄介だ。
　「その施策でシェアが回復する保証はないだろう」とか、「今より悪くなるリスクだってゼロではない」といった批判がそれに当たる。
　いくら効果を積み上げても、実行したときのリスクをゼロにすることはできない。そのため、「少しでもリスクがあるなら、実行すべきではない！」というロジックで反対されると、どうにもならなくなってしまう。これに対

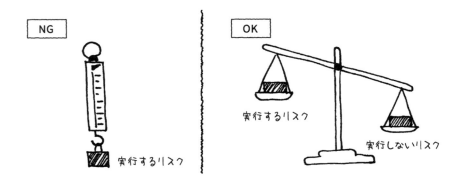

応するためには「実行しない」リスクも合わせて考えるようにするのがよい。

本来は「施策をやらない」とどうなるかまでを見据えて決断すべきなのだが、抵抗する人たちはそんなことまで考えてくれない。

だから「実行しないリスクと実行するリスクとを一緒に天秤にかける」ことで勝負していかないといけない。

判断力を取り戻してもらうコツ 4 　反対意見を撤回しやすくする

一度「反対」と宣言されてしまうと、本人も引くに引けない状況に追い込まれてしまう。自分の行動（反対）を正当化するため、反対につながる情報だけを集めたり、反対につながる情報を重要視したりしてしまう。宣言が強ければ強いほど、大勢の前で「反対である」と宣言すればするほど、その傾向は強くなり、かたくなな抵抗になってしまう。心理学では「認知的不協和」と呼ばれる現象だ。

こうなったら、宣言を撤回しやすい雰囲気を作ってあげるしかない。「あのときと前提が変わりましたからね。今の状態だと賛成してもらえるんじゃないかと、ちょっと期待しているんですが」「あのときはこの情報をちゃんとお伝えできていなかったですね。すみませんでした」などと、一言添える。議論に勝って、相手をやり込めるのが目的ではないのだから、間違っても「おや？　以前は反対って言われていましたよね？　ご意見を変えるということですか？」なんて言わないようにしたい。

判断力を取り戻してもらうコツ 5 　代役を立てる

それでも無理なら代役を立てる。手を尽くしても、なかなか信頼さないこともある。時間がなくて、信頼を勝ち取れないこともある。そんなときは、既に信頼を得ている別のメンバーに窓口になってもらう。同じ話でも説明する人が違うと、全然受け取られ方が違う。必ずしも自分が信頼される必要はない。

あるプロジェクトでは企画部門の人が業務改革のリーダーだったが、現場からは「俺たちより業務を知らない奴じゃあ、話にならない」という目で見られているようだった。なぜか最初から喧嘩腰である。

　このときは施策プランを説明したり、質問に答えたりするのは、プロジェクトリーダーが務めたが、施策のメリットを強調したり、現状から脱却することの大切さを説明したりするのは、別のプロジェクトメンバーが担当した。その人は以前、その部署にいたので「現場を分かってくれている同志」と映るからだ。

　「誰が話そうが良いプランは良いプラン」という発想は、なかなか通じない。組織を動かすには<u>「誰の口から話されるか」も、中身と同じくらい重要</u>なのだ。

判断力を取り戻してもらうコツ 6　各個撃破する

　「俺の周りの人たちは、みんな反対しているぞ」とうれしそうに言う人がいる。自分の行動を他者の言動に合わせる、または近づけることを「同調効果」というが、反対の後ろ盾があると、深く考えずに反対してしまうことがある。

　こういった場合は1人ひとりと膝を付き合わせて、しっかり話をしよう。

会議のようなオフィシャルな場ではなく、席に行って個別に話すと、「○○さんが大反対しているでしょう？　僕は彼ほど反対じゃないんだけどね。懸念は1つだけだから」といった流れになることが多い。ここまで話ができれば、しめたもの。きちんと懸念を払しょくして、賛成側に付いてもらおう。

　反対派が大勢を占めているとつらいが、個別訪問が進んで、賛成派が増えてくれば、賛成側の同調効果を期待することもできる。本当の抵抗者を切り分ける作業といってもいい。

> **まとめ**　抵抗を歓迎する姿勢を持とう
>
> 　ここまで、表立った抵抗に対する対応方法を見てきた。まず指摘や不満を明らかにすること。ズレた対応にならないように、指摘してくれている人が何を気にしているのか、正しく捉えることが大事だと解説した。丁寧に批判をひも解くのは心理的につらいかもしれないが、ここが不十分だと何をやってもダメ。
>
> 　次に「プロジェクトの方向性が納得できない」に対応するためには、問題解決の6層構造を意識すること、「進め方に納得できない」に対応するには極力相手の意見に乗っかっていくことを解説した。
>
> **抵抗は悪ではなく、歓迎すべきもの**
>
> 　批判してくださる人は敵ではない。同じ会社に属し、大抵は同じように会社を良くしようと思っている人なのだから、批判はありがたく受け取るようにしたい。こう考えると抵抗は悪ではなく、むしろ歓迎すべきものと捉えることができる。色々な角度から批判されることで、検討の甘さや抜け・漏れが発見できるだろう。そのたびに企画の質が高まるのである。

だから、これまで解説してきた対応策は、自ら抵抗を拾い上げにいく要素が強かったと思う。ともすると「寝た子を起こす」と捉える人もいるかもしれない。例えば、「指摘や不満を明らかにする」ために丁寧に書き出すことは、自分への批判を見える化することに等しい。
　だが嫌がらずに批判を歓迎するからこそ、プロジェクトがうまくいくと理解してもらいたい。時に辛らつな批判をもらうこともあるだろうが、そんなときは少しポジティブな表現に自己変換して捉えてみると受け止めやすくなる。
　「これもリスクだろう？」「この検討が漏れているじゃないか？！」は「このリスクを見落としたまま進めると、あとから大変なことになるよ。気を付けて」。「現場からするとこんな施策は手間が増えるだけだ」は「私がこう思うんだから、他の現場の人にも同じように思われてしまうよ。伝え方を変えないと反発されてしまう」といった具合だ。批判を歓迎する自分なりの工夫が持てるとよいだろう。

抵抗を味方に付ける

　さらに指摘や不満に丁寧に対応できると、批判をくれた人たちを巻き込み、味方に付けることができる。批判をくれた人に「前回いただいた指摘なのですが、こんなふうに対応しようと思っているんです。どうでしょうか？」とか、「この前のアドバイスのおかげで、随分良い進め方になりました」なんて話ができると、批判者の心持ちも変わってくる。
　「最初は気に入らなかった鼻につくプロジェクト」から、「俺がアドバイスしてやっているプロジェクト」になる。「こちらの事情を全く知らない、頭でっかちな奴ら」から、「ちゃんと事情を汲んでくれる話せる友」に変わるのである。こうして味方を増やし、推進力へと変えていくことが、抵抗との向き合い方の極意なのだ。

第4章 施策実行期
サボタージュに対応する

表立った抵抗を乗り越えて実行計画が承認されると、いよいよ施策を実行に移していく段階に入る。これを「施策実行期」と呼ぶ。

現場に何が変わるのか、なぜ変えるのかを改めて説明し、細かい運用手順を伝え、実際に新しいスタイルで業務を回してもらう時期だ。新しい組織体制に変わるかもしれない。新しい仕事の流れに変わるかもしれない。新しいシステムを使い始めるかもしれない。

とにかく、これまで慣れ親しんだものから、何かが変わるタイミングだ。そして、一気に関係者が増えるタイミングでもある。

施策実行期の特徴

この時期に特有なのは、面従腹背型の抵抗だ。つまり、サボタージュ型

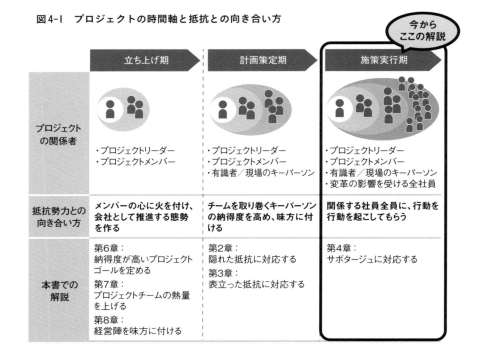

図4-1　プロジェクトの時間軸と抵抗との向き合い方

の抵抗である。サボタージュ（sabotage）とは、フランス語で破壊活動のこと。日本語の「サボる」という言葉はここから来ている。代表的な抵抗は以下のようなものだ。

・「決まったことでしょ？　一応やりますけど」と最低限言われたことはやるが、それ以上のことには全く関心を示してくれない
・表面上は積極的に見えるし、納得してくれているように見える。だが裏で「全然意味が分からない。こんなことをやったって、手間がかかるだけ。うまいこと手を抜こう」と言って、改革を骨抜きにする
・「やります、やります」と言いつつ、周りの様子をうかがい、いつまでも実行してくれない

　こうしたサボタージュが横行すると、せっかくの実行計画がやり切れず、半端な成果しか上げられなくなる。やがて計画そのものにケチが付き、改革は失速してしまう。
　これまでは少人数のキーパーソンとお互いの価値観をすり合わせ、事実をベースにしながら、納得のいく合意形成をすることが大事だった。一言で言えば、実行計画に合意するため、思いや価値観を1つにすることを重視してきたのだ。
　だがここからは決まった計画を確実に実行し、効果を上げていくために、合意形成よりも「実行力」を重視しなくてはならない。爆発的に増えていく現場メンバーと当事者たちに、いかにスムーズに動いてもらうかが鍵を握る。
　では、当事者たちはなぜサボるのか、原因を見ておきたい。

人はなぜサボるのか、なぜ行動に移せないのか

　人がサボり、行動に移せない原因は、「頭」「心」「体」の3つに起因するものに大きく分けられる。

頭

「頭」に起因するものとしては以下の2つが挙げられる。

1. そもそも何をすればいいのか理解できていない
2. しかるべき命令系統から指示がないため、自分がやるべきと理解していない

　これらは情報を正しく伝えられていないことが主な原因になる。「頭」の問題は第2章で触れた「共有する」を徹底できれば、かなり解決されるため、ここでは解説を省略する。

心

　「心」に起因する問題はもう少し根深い。頭では分かっているのだが、どうにも行動に移せない。モチベーションがわかない、というのが「心」に起因する問題だ。例えば、以下の4つが挙がってくる。

1. やることの「必要性」と「メリット」が理解できない
2. 何らかの個人的な感情が邪魔をする（プロジェクトに対する印象や社内政治、個人的な人間関係など）
3. やることで何らかのデメリットが生まれる（ひと手間かかるとか）
4. やらなくても、何も困らない

体

　「体」に起因する問題は比較的捉えやすい。具体的には以下の2つだ。

1. 時間が足りない（他にやることがあり、優先順位を上げられないなど）
2. やるだけの能力がない（知識不足やスキル不足など）

「頭」と「心」と「体」。3つがそろって初めて、行動に移せるようになる。どこか1つでも抜けていると、ガクッと実行力が落ちてしまう。では、どうしたら3つの要素をケアできるのか。

要素に対する対策を示すと、以下のようになる。このパートでは「心」と「体」について解説していこう。

頭と心と体の対処方法

「頭」の問題は第2章で解説した「共有」で解決する。
「心」の問題は当事者にその気になってもらい、自然に動いてくれる状況を作ることで解決する。
「体」の問題は「実行をやり切れない当事者を外部がフォローし、テコ入れできる状況を作ること」で解決する。

心の問題は当事者にその気になってもらうことで対応

当事者が自然に行動してくれるような状態を作ることが理想だ。我々は幾つかの仕掛けを大事にすることで、当事者の自律性や自発性を高めるようにしている。

心に対する仕掛け 1 　やってほしいこととその意義を重点的に伝える

　現場の当事者の興味や関心は、私たちは何をすればよいのか、それは私たちが手間をかけるだけの意義があることなのか、に軸足が置かれている。

　だから、計画策定期には徹底的に「共有」せよと書いたが、この時期はプロジェクトの背景や進め方などは比較的軽く伝えればよい。また、新しいシステムの使い方や操作方法をひたすら説明してしまうケースも散見されるがよろしくない。必要なのは単純な操作方法の「説明」や「指示」ではなく、こんな効果を上げるために、このタイミングで、こんなふうにシステムを使ってほしいという「依頼」である。

　また、やってほしいこととやることの意義は必ずセットでないといけない。それをやることで、どんなメリットが生まれるのか。なぜこれが必要なのかを伝えないと、当事者の自発性など到底引き出せるわけがない。当事者の立場になると当然のことなのだが、推進側にいると、ついつい自分たちの立場でものを言ってしまう。常に相手の立場で考え、相手が気持ち良く動けるように工夫しなければならない。

心に対する仕掛け 2 　クイックヒットを仕込む

　プロジェクトに対する印象はバカにできない。「あのプロジェクトはいい取り組みをしているよね」と感じてくれていれば、自然に協力してくれるようになるものだ。そのためには、効果としては小さくてもよいから、現場が「変わったな」と実感できる施策を素早く実行することが有効だ。これまでの経験から、検討開始から半年以内には、目に見える成果が必要だと思う。候補になりやすいのはこんなものだ。

・やめる系の施策
　課長と部長代理と部長の3重承認になっているものを2重承認にするとか、形骸化している申請書類を廃止にするなど、やめる決断をすれば済むものが、

最も素早く効果を出せる。何かをやめる施策は現場受けがいいものだ。少しの決断で楽になるものがないか、形骸化しているタスクがないか、常に気にして探してもらいたい。

・自動化系の施策

　自動化も分かりやすく変わるし、現場には喜ばれる。ただし、システムにガッツリと手を入れなくても済むものがよい。ちょっとしたツールで対応できるものがよいだろう。

　手加工してデータ集計している業務をアクセスを作って自動集計するとか、1つずつ手入力しているものをエクセルで入力補助ツールを作って効率化するなど、手間がかかっているなと感じるものが暫定的にでも軽減されると、プロジェクトに対する印象は随分変わってくる。

　どうしても効果が大きな施策ばかりを追いかけがちだが、プロジェクトの勢いを考えた場合、クイックヒット施策を意図的に盛り込む必要がある。当事者の気持ちが前向きになり、より大きなうねりを作り出すキッカケになるからだ。

　なお、政治的な問題や個人間の問題はあまりにケース・バイ・ケースになってしまうため、本書では解説しない。

心に対する仕掛け 3 「やること」と「メリット」を直結させる

　クイックヒット施策で勢いを付けたら、今度は本命の施策を展開していかなければならない。「やめる」「自動化する」「簡素化する」といった、メリットの明らかな施策はほとんど心配しなくてよい。放っておいても、当事者は積極的に取り入れてくれる。問題なのは新たにひと手間かかる施策だ。

　例えば、これまで入力していなかった「契約の進捗状況」を現場の営業担当者に入力してもらうことで、契約の抜け・漏れや契約締結の遅延を防

ぎ、機会損失を最少化するといった類の施策が該当する。営業担当者にひと手間かけてもらうことで、会社全体として大きな効果を生み出そうというものだ。

ところが現場の営業担当者からすると「契約の進捗は俺の頭のなかにあるよ。なぜわざわざ入力しなければいけないのか？」という思考になる。どんなに全社的に意義のあることだと訴えても、「確かに、絶対にやったほうが良いですね。私の時間を削ってでも入力をやり切ります」なんて状態にはまずならない。人間である以上、自分に直接メリットがないことを徹底してやり続けるのは難しい。だから、こうした施策をやり切るには、基本的にひと手間かけた人がひと手間かけた分だけ恩恵を受けられるようにしておかなければならない。

例えば、「進捗状況を入力したら、サポートスタッフが状況を見ながら、必要な書類を用意してくれる」とか、「進捗状況を入力したら、他部署はそのデータを確認すれば状況を把握でき、営業担当者への電話問い合わせが激減する」とか。もっとあからさまだと「入力をしたら1件につき、100円もらえる」とか。とにかく、分かりやすい恩恵をセットにしないといけない。

そして、メリットはすぐに表れるものでないと効果が薄い。例えば、

入力は大変だけど、あとで楽

「営業担当者が案件の状況を日々入力していたら、半年後には分析結果が見られるようになり、営業活動に使えるようになります」では、あまりよろしくない。半年後に手に入るメリットを想像しながら、モチベーションを上げられる人はなかなかいないからだ。

ダイエットが続かない理由も同じで、支払った努力に対してメリットが得られるタイミングが遅すぎるため、長続きしないと言われている。だから少なくても1カ月以内には、分かりやすいメリットが出てくる必要がある。

  4 **強制力を持たせる**

仕掛け3のようにタスクとメリットがセットにできるならよいが、なかなか難しいこともある。そうなると「強制力を持たせる」仕掛けが有効だ。やらないで済む、という選択肢が残っていると、人は易きに流れてしまう。これを排除する。例えば、こうだ。

・進捗状況を入力しないと書類が作れないように、システムで制御をかけてしまう
・進捗状況の入力がないものは承認しないように、承認ルールを変えてしまう

強制力を持たせるのは賛否両論あると思うが、「やること」と「メリット」が直結しない場合はここまで強制力を持たせないと定着はしないものと心得てほしい。

> **事例** 仕掛けが甘くて、大失敗
>
> ある什器メーカーでの営業改革プロジェクトでのこと。この会社は、売っているものが非常に多岐にわたっていた。什器本体や什器のオプショ

ンパーツ、什器の組み立てサービス、内装工事、メンテナンスサービス、他社什器の販売など、様々な種類の商品を販売していたのだが、売り物ごとに各担当部署がそれぞれ別々のシステムで見積もりを作っていた。例えば、工事サービスなら工事部が見積もりを作り、什器販売なら販売部が見積もりを作っていた。そして、各部署から出てきた見積もりを営業担当者が手で統合して、顧客に提示する最終見積もりに仕上げていた。

関連する見積もりシステムは実に12種類。だが、それぞれのデータが全く連携していないため、整合性が取れていなかったり、最新見積もりがどれなのか分からなくなったりと、多くの問題が発生していた。

そこで新たに一本化したシステムを作り、そこで見積もりを作成すれば、全てのデータがつながるようにした。システム開発としては大成功だったが、現場の実行力を高める仕掛けが甘かった。

1つは、タスクとメリットを直結させられなかった。各部の見積もりを自動でつないで整合性を取るのは大きなメリットだったが、直接メリットを享受できるのは営業担当者だけだった。上流工程で見積もりを作成する工事部や販売部にはほとんどメリットがなく、新しいシステムを使うのを嫌がったのだ。

新たな手間が発生するわけではないが、使い慣れたシステムから新しいシステムに移行すること自体が手間であり、心理的にもハードルがある。さらに悪いことに、工事見積もりなどはエクセルで手で作成していたため、いくらでも従来の方法で見積もりが作れてしまう。

つまり、工事部からすると新しいシステムを使うメリットも強制力もなく、当然のように従来の方法での見積もり作成が横行してしまったのだ。これで改革の効果は半減してしまった。

その後、工事部や販売部がシステムを使うことでメリットを得られるように機能追加をして、何とか軌道に乗せていくことになったのだが、すぐに効果が上がらなかったため、現場からは冷めた目で見られ続けることになった。

こんなふうに、当事者が自発的に動いてくれるような仕掛けを作っておかないと、すぐに改革は骨抜きになってしまうものだ。

体の問題は当事者をフォローし、テコ入れできる状況で対応

とはいえ、メリットを持たせられない、強制力も持たせづらいというケースもあるだろうし、単純に当事者の能力が足りないケースもあるだろう。これには実行をやり切れない当事者を外部がフォローし、テコ入れできる状況を作ることで対応するしかない。こちらも3つの仕掛けで対応する。

体に対する仕掛け 1 アクションまでの手間を最小化

実行の状況がひと目で分かるようにする。具体的な例を見てみよう。ある製品の保守サービスの継続契約率を向上させる施策を打ったときのことだ。保守契約の継続率を高めるため、色々な施策が検討された。その1つに「契約が切れる2カ月前、1カ月前、2週間前にそれぞれ、顧客にコンタクトをして契約更新の案内をする」という施策があった。それまでは全くルールがなく、各自が気付いたときに更新の案内をしている状況だった。それを組織的な活動に引き上げようという施策だ。

これまでの実績から、地味だが確実に効果が出ることは分かっていた。しかし、困ったことに直接的なメリットも強制力も持たせられなかった。厳密には契約の継続率が向上するというメリットがあるのだが、効果が出るまでには最短でも2カ月はかかるわけで、メリットを実感してもらうには時間軸が長すぎた。これでは人は動かない。

そこで更新案内の状況を一発で見えるようにして、リアルタイムで状況を集計し、達成率が見える仕掛けを作った。案件ごとの実行結果（適切な時期に更新案内をしたのか／していないのか、何件中何件したのか）を見える化し、案件ごとのステータス（案内期限切れ／案内期限3日前／案内

済み）を表示するようにしたのだ（図4-2）。

　この一覧表で、営業担当者として、来週案内しないといけない契約はどれか、案内できていない契約はどれかが一発で見えるようになり、アクションを起こしやすくなるのである。そして、どの営業担当者がサボっているのか、どの営業がまじめにやっているのかも一発で分かる。

　ここまで明らかにしておくと、外から実行の状況がよく見えるので、「サボり得」になるのを避けることができる。また、状況を入力するとリアルタイムで進捗率が表示されるようにしてある。

　「リアルタイム」というのも大事な工夫だ。とにかくアクションと結果（この場合は情報の更新）は時間的に近ければ近いほどよい。「行動随伴性」といったりするが、行動に対して何らかの反応がないとモチベーションが保てない。

体に対する仕掛け 2　当事者をプロジェクトがフォローする

　この一覧表が整理されたことで、実施率が悪い部分が見えるようにな

図4-2　更新案内一覧表と達成率の表

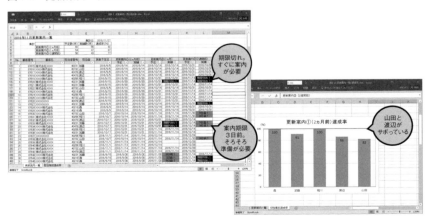

り、原因を探りにいけるようになった。このときは、プロジェクトメンバーが毎週状況をチェックし、全然実施できていない営業担当者のところに直接行って、逐一状況を確認するようにしていた。

・単に忙しくて実施できていないのか
・確信犯的に実施していないのか
・顧客に「連絡してくるな」と言われていて、実施できていないのか
・契約の継続が決まっていて、更新の案内は不要と判断しているのか

　このように、<u>原因を探り、次の一手を即座に打つ</u>ようにした。ここまでフォローすると、大抵の人は動いてくれるようになる。
　こうしたプロジェクトでは、やる/やらない、できる/できないを当事者任せにしてはいけない。プロジェクトチームがしっかりとフォローして、チームで実行していく姿勢が重要になるのである。

体に対する仕掛け 3　脱落者にしかるべき対処をする

　それでも実行し切れないこともある。このときもそうだった。100人いる営業担当者のうち、どうしても数人は確信犯的にサボっていた。こうした人が数人でも出ると、まじめにやっている人がバカを見てしまう。サボり得にならないように、しかるべき立場の人に報告し、しかるべき対応をお願いしなくてはならない。
　ここで状況が見える化されていると、極めて報告しやすくなる。事実が全て残っているからだ。他の営業担当者との比較も一目瞭然。判断しやすくなる。
　また、こうした実行局面では「サボる人が必ず出てくる」ことを事前にトップに伝えておく。実際にサボりが出たときは、トップから圧力をかけてもらったり、場合によっては人事異動が必要かもしれないと、事前にインプットしておくのだ。

まとめ　対処療法はダメ、予防治療で先手を打て

　計画策定期は価値観のすり合わせや合意形成を大事にしてきたのに対し、施策実行期には当事者にいかに動いてもらうかを重視している。人の気持ちを乗せて、行動につなげていくのは本当に大変なことだ。性悪説に立って色々な仕掛けやフォローをしていかないと、実行力は高まらない。実行期にはこれまでとは異なる難しさがあると考えてもらいたい。

　この時期の施策は、人の気持ちを考え、先を読んで先手先手で対応していくものが多い。問題を発生させないように腐心しているので、「予防治療」と言い換えてもよいだろう。

　しかし、一般には「対処療法」を取るのが普通だ。抵抗やサボりが発生したら、そのときの状況に合わせて対応方法を考えるのである。もっというと、抵抗やサボりが発生するまでは目立った対応を取らないのである。

　だがこれではダメだ。症状が出てから診断し、対処療法をしていたのでは遅すぎる。人の気持ちは一度こじらすと、修復に時間がかかるからだ。後手に回らず、先手先手で対応をしていかなければ、本質的な解決は望めない。

　そのためには症状を見て診断・処方するのではなく、プロジェクトの流れを先々まで見据えて、どのタイミングでどんな抵抗が発生するかを予測し、そのうえで事前予防をしていくしかない。

　これは重要な考え方である。従来型の対策が「発生した抵抗といかに戦うか」に着目しているのに対し、「抵抗を発生させないために、どうすべきか」という考え方なのである。

第5章 立ち上げ期

「立ち上げ期」の重要性を知る

これまで、プロジェクトが本格的に始動してから施策が実行されるまでの抵抗について解説してきた。ここからは、それよりも前。プロジェクトが「立ち上がる時期」にすべきことを解説したい。

　具体的な解説に入る前に、この章を使って「立ち上げ期」と「抵抗」の関係について、なぜ一見抵抗のない立ち上げ期が重要になるのかについて理解を合わせておきたい。

プロジェクト立ち上げ期の特徴

　プロジェクトの立ち上げ期は、比較的少人数で変革チームを形成し、計画作りを進める準備をすることになる。この時期に特徴的なのは、関係者

図5-1　プロジェクトの時間軸と抵抗との向き合い方

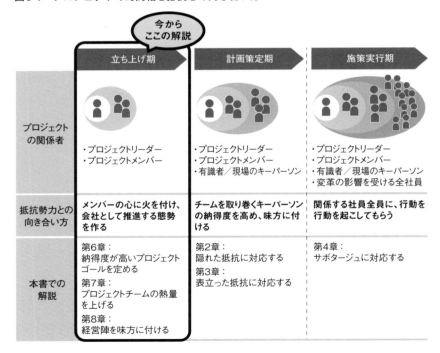

にやる気になってもらえない、必要性を感じてもらえない、というケースだ。「積極的に反対」というよりは、どちらかというと消極的な反応である。例えば、こんな状況だ。

- トップダウンでやることは決まったけれども、プロジェクトメンバーは何だかシラけている
- システム部門が変革の必要性を感じて現場を巻き込もうとするが、「そっちで決めてくれ」と言われる
- 過去に何度か変革プロジェクトが不発に終わっており、「どうせ騒ぐだけ騒いで、今回も何も変わらないんだろう」と言われる
- 「現業が忙しくて」という言い訳を盾に、優秀な人材をプロジェクトに割り当ててくれない
- 「何だか大変そう、残業が増えちゃうな」と、プロジェクトメンバーの腰が引けている

一見、「プロジェクトの立ち上げ方」の話であって、抵抗との向き合い方の話ではないように思える。プロジェクトはまだ始動していないし、抵抗も発生していない時期だ。ところが抵抗との向き合い方を語るうえで、この時期は極めて重要な役割を担っていることに注目してほしい。

抵抗と向き合う「基礎体力」を付ける

先の状況を解消するため、立ち上げ期にすべきことは以下の3つだ。

1. 納得度が高いプロジェクトゴールを定める
2. プロジェクトチームの熱量を上げる
3. 経営陣を味方に付ける

これらが抵抗と向き合ううえでどう影響するのかを確認しておこう。

1-1. 納得度が高いプロジェクトゴールがないと、まっとうな批判に耐え切れない

　プロジェクトゴールは変革の土台になる概念だ。プロジェクトの意義や目的と言い換えた方が分かりやすいかもしれない。何のために、どんな変革を起こすのか、それはなぜ必要なのかが定まっていないと、プロジェクトが根っこから崩れていきかねない。

　例えば、システム刷新プロジェクトにおいて、意義や目的があやふやなままプロジェクトを進めているケースをよく目にする。なぜシステムを刷新する必要があるのか、システムを刷新してどんな状態を目指すのかがよく分からないまま調査を進め、システム要件を整理してしまう。

　検討が進んでから、「この取り組みは本当に必要なのか？」「そもそも何がやりたいのか？」なんて本質的な批判をもらい、プロジェクトそのものが揺らいでしまうケースもある。

　大きな労力をかけてプロジェクトをやるには、誰もが納得できる「プロジェクトゴール（意義・目的）」が必要だ。立ち上げ期にしっかりとゴールを定め、関係者が本当にそのゴールを目指すべきだと思える状態を作らなければ、その先で抵抗と向き合う足場がなくなってしまう。

1-2. 納得度が高いプロジェクトゴールがないと、チームを組成できない（協力者を増やせない）

　プロジェクトゴールがあやふやな状態だと、プロジェクトチームを組成するのにも苦労することになる。優秀なメンバーを現場から引きはがしてプロジェクトに参画してもらうことになるのだが、ゴール（意義・目的）があやふやなプロジェクトに、現場が優秀なメンバーを出してくれるわけがない。

　典型的な例は、基幹システム刷新プロジェクトで、「システムを入れ替えるだけでしょ？　情報システム部門で勝手にやってくれ」と現場メンバーから言われるケースだ。システム刷新の目的があやふやだから、現場

の協力が得られない。これが「システムの入れ替えをきっかけに業務を抜本的に効率化するのが目的だ」と言えたら、現場のメンバーも「勝手にやってくれ」とは言わないはずだ。

　また、プロジェクトの局面が進むにつれて、どんどん関係者は増えていく。彼ら彼女らがプロジェクトゴールに共感し、やる気になってくれなければ、変革は成功しない。そんなとき、プロジェクトチーム自身がプロジェクトゴール（意義・目的）を腹の底から理解し、納得していなければ、それを相手に伝え、熱量を伝搬していくことなど到底できない。経営陣のバックアップを取り付けることもできない。人は「何をするか」ではなく、「なぜするのか」によって動くものなのだ。

2-1. プロジェクトチームの熱量が低いと、質の高いアウトプットを出せない

　調査や分析、施策出しなどの具体的な検討はもとより、前述のプロジェクトゴールの検討も、プロジェクトチームがやることになる。そのときにチームメンバーが遠慮しがちで、本音で議論ができないと、薄っぺらいアウトプットしか出せなくなる。

　当然、薄っぺらな内容で、多くの関係者の心を動かすことはできない。だから、アウトプットを作るプロジェクトチームが本音で、本気で議論できる状態にあることは、長い目で見た場合、非常に重要だ。やる気のないメンバーが集まっても、「変革って、経営陣はいうけれど、やるのは大変だから、小さな改善案を出して丸く収めてしまおう」という事態になりかねない。実際にそうなっている取り組みを何度も目にしてきた。

2-2. プロジェクトチームの熱量が低いと、抵抗と向き合い切れない

　抵抗と向き合い、変革を成功させるには、根気よく、粘り強く、抵抗と向き合わなければならない。長く険しい道のりを走り切らなければならない。だがプロジェクトチームに熱量がなければ、途中で息切れしてしまう。チームが使命感に燃えて、情熱をもって取り組むことが、抵抗と向き

合ううえで必須要件になる。

3. 経営陣を味方に付けられないと、変革にGOをもらえない
　これ自体は説明するまでもないが、重要なのは「時期」である。プロジェクトに対する経営陣の立ち位置は、プロジェクトが立ち上がったタイミングで大方決まってしまう。どんなに遅くても2カ月以内にははっきりしてくる。
　立ち上げ時にプロジェクトを支援してくれる立場の人はその後もずっと支援してくれるし、そうではない人はずっと無関心のままだ。検討が始まってからずっと無関心だった人が、半年後に急にバックアップする立場に回ってくれることなどあり得ない（無関心だった人が、自分に影響が及ぶと知った途端に反対派に回ることはよくある）。立ち上げの段階で経営陣にどう関心を持ってもらうのか、どう巻き込んでいくのかが重要になる。

まとめ　「立ち上げ期」に基礎体力を付ければ、
"風邪"を引かなくなる

　こうしてみると、実際に抵抗が生まれるずっと前の立ち上げ期がいかに重要かが分かるだろう。立ち上げがいい加減なプロジェクトは、必ず途中で空中分解する。第4章で「対処療法ではなく、予防治療である」と書いたが、立ち上げ期は「予防として基礎体力を付ける時期」といえる。
　ほとんどのプロジェクトはこの基礎体力を軽視し、後々発生してくる抵抗と向き合い切れずに四苦八苦する。<u>本気で抵抗と向き合うためには、立ち上げ期の過ごし方が全ての鍵であると心得てほしい。</u>
　では、どうすれば全員が納得できるプロジェクトゴールが作れるのか。どうすれば、使命感に燃えた熱量が高いチームを作れるのか。経

営陣に関心を持ってもらうにはどうすればよいのか。次章から1つずつ解説していこう。

第6章 立ち上げ期

納得度が高いプロジェクトゴールを定める

前述した通り、変革プロジェクトに絶対に必要なのがプロジェクトゴールである。何のために、何を成し遂げるプロジェクトなのか。意義・目的があり、一貫性があり、必要性が明確であること。これがプロジェクトゴールになる。

　ゴールに納得感があれば、自発的な動きが生まれるようになる。自分には何ができるのか、何をすれば貢献できるのか、自分で考えて行動し、提案できるようになる。こうした自発的な行動が、プロジェクトに大きなエネルギーと推進力を生み出す。

　「まあ、指示されたからね」くらいの感覚では、決して変革は起きない。<u>指示命令をそのまま受ける受動的な状態から、自発性や自律性が発揮された状態に遷移すること。これがプロジェクトゴールに求められる要件</u>である。単に偉い人が作っておしまいというものではない。

　とはいえ、多くの変革プロジェクトは、経営陣からの指示命令を受けて始まる上意下達タイプのもの、またはシステムの保守切れなど必要に迫られて行うものがほとんどである。例えば、「2017年までに基幹システムを刷新する」「抜本的な業務の見直しにより、30％の効率化を達成する」といったゴールが「どこか」で設定され、プロジェクトが始まるケースは多いだろう。

　しかし、これではプロジェクトの意義・目的も必要性も伝わってこない。ゴールを受け取った側はいつまで経っても、受動的な状態から抜け出せない。多くのプロジェクトがこのような状態で、フラフラしたまま走り出している。

自発性を発揮できるゴールを作る

　どうすれば真に納得ができ、自発性や自律性を発揮できるほどの優れたゴールを作り出すことができるのか。肝はゴールを作るプロセスにある。以下の4つのステップを経れば、納得度が高いゴールを作り出せる。

ステップ1：メンバー1人ひとりに「問い掛ける」
ステップ2：1人ひとりの思いを「言語化する」
ステップ3：言語化した思いを相互に「ぶつけ合う」
ステップ4：プロジェクトゴールを「3つの視点でまとめる」

それぞれのステップで具体的に何をするのか。そして、なぜこの4つのステップが必要なのかを実際のプロジェクトをベースに解説していこう。

大手生命保険会社での タブレット更改プロジェクト

【与えられたゴール】

　某生命保険会社で発足した「営業用タブレット端末の更改プロジェクト」での話だ。営業職員が保険商品の提案時に利用する端末で、数万台規模で導入されており、5年に一度、端末の総入れ替えを行っている。5年も経つとタブレットの性能は大きく進化するので、単にタブレットを新機種に変更してもダメだ。最新のタブレットに合わせて色々なものを見直さなくてはならない。だから5年に一度の定期的なビッグプロジェクトになる。

　このプロジェクト、最初に決まっていたゴールは「更改のタイミングだから、××年までに新しい営業タブレットを導入する」だった。このプロジェクトゴールの下に、各部門のエースたちが20人以上集められた。エースたちも何をするプロジェクトなのかは分かっている。タブレットを更改するのだ。

　このプロジェクトを当社が支援することになったのだが、いきなり調査を始めるのではなく、一呼吸置いて、メンバー1人ひとりに問い掛けることから始めた。

メンバー1人ひとりに「問い掛ける」

【やるべきこと】

　与えられたゴール、または、あやふやなゴールに対して、素朴な問いをぶつけるのが最初のステップになる。人は考えているようで、実はあまり考えていない。与えられたゴールをうのみにせず、自分たちの頭で考える必要がある。

　与件（与えられた前提）を疑い、自分自身の考えを深め、プロジェクトの意義・目的を自分なりに理解する必要がある。そのキッカケを得るために問い掛けることが唯一有効な手段なのだ。

　にもかかわらず、「決まったことだから」とか、「何を今さら」といった感じで、多くのプロジェクトでこの最初のステップが軽視されているのが現実だ。思考が浅いから、あとからブレてしまう。良い問いを立てて、チームメンバーで少し議論をしてみたり、各自で自分なりの答えを考えてみるとよいだろう。

【実プロジェクトでの状況】

　このときは、プロジェクトメンバー1人ひとりとディスカッションする時間を20分くらいずつ設けた。私から1人ひとりに問い掛けをしてディスカッショ

ンする形だ。部外者からの問い掛けということもあり、プロジェクトメンバーは丁寧に回答してくれた。具体的にはこんなやり取りをしたと記憶している。

問1：今の端末をどう思っていますか？
　「今の端末は重いし、動きが遅いんですよ。現場からは使いづらいと声が上がっています」
　「実際にタブレットの使用率が低くてね。何とか使用率を上げたいと思っているんですが難しくて」
　「情報や機能があふれているので何とかしたい。思い切った整理をしないといけないかな」
　「一言で言うと時代遅れなんですよ。5年前のモデルですから」

問2：どんな端末にしたいですか？
　「やっぱり、速くて軽い端末がいいね」
　「使用率100％の端末かな。それには重さとか、使いやすさにこだわらないと」
　「利用者の年齢層は幅広いから、使いやすいユーザーインターフェース（画面設計）にしないといけないな」
　「前回更改したときに、搭載を諦めた便利な機能もたくさんあるから、今回は盛り込みたいですね」
　「みんなが使ってくれる端末じゃないとね。使用率は重要な指標だよね。今は使用率が低くてさ」

　こんな感じで色々な話を自分の言葉で語ってもらった。ところがこうして話を聞いていると、新たな疑問がわいてくる。

問3：仮に、羽のように軽く、光のように速く動く端末ができたとしたら、みんなが使ってくれて、使用率が100％になるのですか？
　「…そう言われると、ノーですね…」

素朴な問いを投げていくと、だんだん議論すべきポイントが見えてくる。

問4：だとすると、端末が使われない本当の理由は何ですか？

　「うーん。端末の操作方法は熱心に教えているんだよ。でも使われない。なぜだろう？」

　「重くて遅いのが原因だと思っていたけれど、もしかして営業にとってのメリットがないからかもしれないな…」

問5：営業にとってのメリットとは何でしょうか？　契約が取れることですか？

　「そうだね。やっぱり、契約を任せてもらうのが仕事だしね」

　「契約も大事だけど、本質的にはお客様に喜んでもらいたいんですよね」

問6：タブレットの使い方は伝えているという話でしたが、タブレットを「使うことのメリット」は丁寧に伝えているのですか？

　「そういう視点はなかったかな。使い方は研修で教えるんだけど…」

　「そもそも、営業の一連の流れを意識して、機能設計していないかもな。本社部門があまりに縦割りでさあ」

　こんなふうに、素朴な問いをやり取りしたことで、ぼんやりとだが議論すべきことが見えてくる。どうやら、単純に軽くて速いタブレットや機能が盛りだくさんのタブレットになればよいというものでもないようだ。「営業にとって価値のあるタブレットとは何か？」から考えないとダメそうである。

　与えられたゴールをそのままうのみにしていたら、絶対にたどり着けない深い部分に考えが及び始めているのが分かるだろう。これが問い掛けの重要性である。難しいのは、良い問いをどう作るかだ。ポイントを3つ紹介しよう。

問い作りのポイント 1 **第三者からの素朴な疑問**

　第三者から見た素朴な疑問が有効な問いになることは多い。「そもそも論」と言ってもいい。先の事例でいうと「そもそも、タブレットが使われない真の原因は何ですか？」とか、「もし羽のように軽いタブレットだったら、使用率が100％になるのか？」などが素朴な疑問に当たる。

　こうした素朴な疑問にパリッと明確な回答が返ってくるようなら、それ以上、深追いしなくてよい。逆に、うまく答えが返って来ないケースや、人によって言うことが異なるケースは要注意だ。

　認識が合っていそうで、合っていないもの。考えていそうで、考えていないもの。言葉だけが独り歩きしているもの。言葉の定義が合っていないもの。こんな部分に踏み込む「問い」が良い。

　プロジェクトを早く具体化して先に進めたい人には、遠回りに感じるかもしれない。だがむしろ、どんどん前提にさかのぼるイメージで問いを投げ掛けることになる。当然、プロジェクトのテーマやこれまでの検討状況、メンバーの状況などによって有効な問いは異なる。

　例えば、「新サービスの立ち上げ」プロジェクトを支援したときはこんな問いが有効だった。

・そもそも、今このタイミングで新サービスを立ち上げるのはなぜなのか？
・新しく作ろうとしているサービスは、5年後にこの会社にとってどんな存在になるのか？
・既存サービスと新サービスはどんなすみ分けにすべきなのか？
・新サービスで何が達成できればよいのか？

一方、販売管理領域の業務改革プロジェクトを支援したときは、こんな問いが有効だった。

- 標準化というキーワードが出ているが、そもそも標準化とは何か？ 標準化によって何を得たいのか？
- 業務改革の目的は「工数削減」なのか、「売り上げ向上」なのか？
- 5〜10年先を見たときに、会社の売り上げやビジネススキームはどう変化していくのか？
- そもそもこのプロジェクトをやらないと、何が困るのか？

プロジェクトリーダーにはぜひ、プロジェクトの状況に合った素朴な疑問を考えてもらいたい。考えを深めるキッカケになるだろう。

問い作りのポイント 2　お決まりの問い掛けからヒントを得る

素朴な疑問が有効だと書いたが、普段、現場の業務にどっぷり浸かっていて、今のやり方や考え方が当たり前になっていると、なかなか素朴な疑問は出てこないものだ。

我々のような社外のコンサルタントがいればよいが、そうではないなら、意図的に頭を切り替える必要があるだろう。

我々が頭を切り替えてもらうためによく使う、定番の問いがあるので紹介しよう。以下のような問いを投げかけながら、より効果的な「素朴な疑問」を探していく。

- プロジェクトに対して感じていることは何か？
- この取り組みで達成したいことは何か？
- モヤモヤしていることは何か？

・気に入らないことは何か？
・懸念点は何か？

　ポジティブな話もネガティブな話も、洗いざらい思いをぶちまけてもらう。先の事例でも、最初は「今の端末をどう思っているのか？」という問いから始まっている。ここで出てきた「重くて遅い」というキーワードと、「使用率100％」というキーワードがつながっていないことに目を付け、「そもそも使われない真の原因は何か？」という「素朴な疑問」に発展させている。

1人ひとりの思いを「言語化する」

【やるべきこと】
　問いによって思考が深まったら、考えを頭のなかにとどめておくのではなく、具体的に文字や絵にしてもらうようにしている。頭のなかだけで、考えた気になってはいけない。きちんと言語化して、初めて他人に伝えられる状態になると思ってほしい。
　文字や絵にしてみると案外描けなかったり、頭のなかでは整合性が取れた案だったつもりが、実際に書いてみると抜け・漏れがあったり、矛盾だらけだったりするものだ。

　頭のなかのものが文字や絵に落ちて、客観視できるようになるのも大き

なメリットだ。書き出してみたものを客観的に見ると、また素朴な疑問が生まれる、そして問いの答えを書き出す。「問い」と「言語化」を行ったり来たりすることで思考が深まり、自分の案としての精度が高まっていく。

【実プロジェクトでの状況】

各メンバーに問い掛けたことによって、メンバーの思考が一段深まってきた。それを紙に書き出してもらった。例えば、「新しいタブレットで何を実現するのか。理由も合わせて書いてください」とお願いした。

難しいテーマだが、2〜3日考えてもらった後、模造紙に書き起こしてもらった。これは独りで書いてもらう。そのとき書き出されたものの一部が以下だ。

図6-1　各メンバーが考えた「新しいタブレットで何を実現するのか」に対する答え

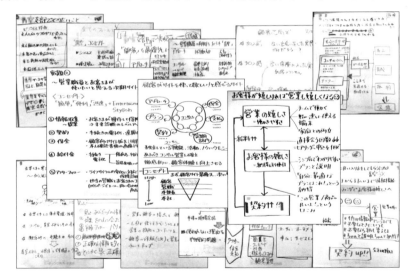

実に様々な表現で書かれている。内容もバラバラだ。でも各自の「俺はこう思う」は明らかになっている。

これ以外にも「タブレットが使われない真の原因を箇条書きで言語化し

ておいてください」とか、「あなたの考える顧客に感謝される営業を言語化しておいてください」という感じで、幾つか宿題を出して書いてもらうようにした。これにもポイントが2つある。

書き出すときのポイント 1 > 考えをそのまま書き出す

　ついつい頭のなかで考えをまとめてから書こうとしてしまうが、それだとなかなか筆が進まない。私たちがよくやるのは、考えていることをそのまま書き出す方法だ。(タブレットが使われないのは、やっぱり重いからだと思うんだよな)と思ったら、そのまま「タブレットが使われないのは、やっぱり重いから」と書く。(でも重いだけが理由じゃないはず)と思ったら「重い以外の理由もある」と書く。(そういえば、重い重いって、よく聞くけれど、具体的に何gだったらよいのだろうか)と思ったら「何gが理想の重さか」と書くわけだ。

図6-2　思考をノートにそのまま書き出してみる

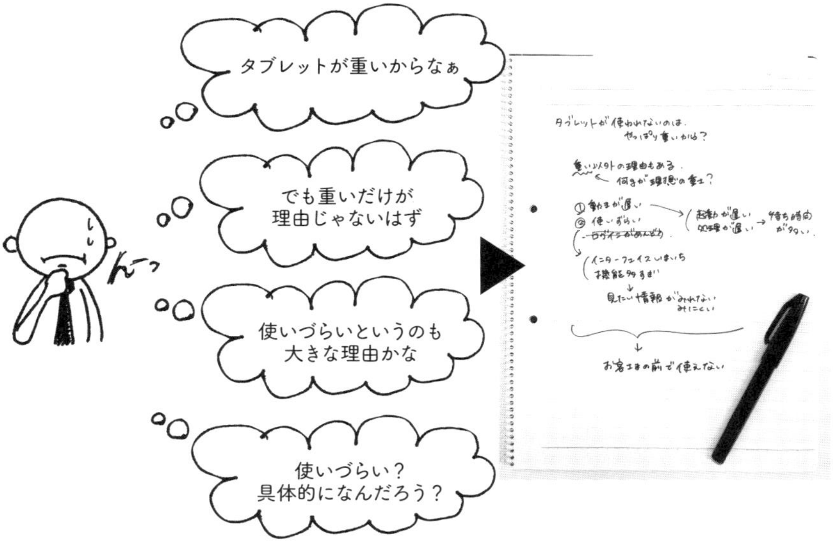

こんな形で、とにかく自分の頭のなかを、文字や絵に落としてみる。考えが煮詰まってきても、そのまま書けばいい。(営業にとってのメリットといわれても、思いつかないな)と思ったら、素直に「メリットが思い付かない」と書けばいい。(強いていうなら、売り上げにつながることかな。でもありきたりだしな)と思えば、「売り上げにつながることがメリットか？」と書く。(そういえば、売れる営業さんって、どうやって売り上げを上げているんだろうか？)と思えば、「売れる営業担当者は何を大事にしているのか？」と書くわけだ。全てこんな感じである。

　書き出すことで、思考が連鎖してくる。書き出した紙が話し相手になってくれる感覚だ。無理やりにでも書き出して見ると、考えがまとまってくるから面白い。

書き出すときのポイント 2 「氷山モデル」の全体を明らかにする

　言語化するときには、氷山の上と下を意識するようにお願いしている。

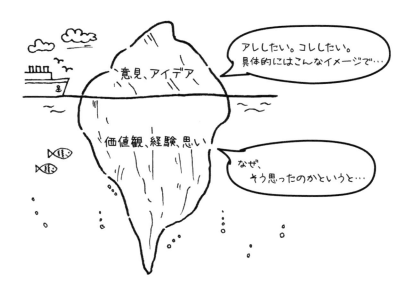

氷山の上は「意見やアイデア」である。だがこの部分は、多くの場合、霧がかかっているものだ。何をどうしたいのか、その結果、どんな状態になるのか、具体的にどんなイメージなのか。それらをしっかりと明らかにする必要がある。

「使用率100％にしたい」「軽い端末にしたい」「使うことにメリットを感じられる端末にしたい」「GPS機能を搭載したい」「AI（人工知能）を採用したい」など。さらにもう一歩踏み込み、それによってどんな状況を作りたいのかも言語化してもらう。

同じ「GPS機能を搭載したい」だとしても、狙いは人によって様々である。「GPSの位置情報を活かして、日報作成の負荷を下げたい」のか、「GPSを採用してセキュリティーチェックの単純作業の負荷を下げたい」のか。具体的にどんなイメージなのかを明らかにしていく。ここがぼやっとしていると話にならない。

一方、氷山の下は「価値観や経験」である。氷山の上（意見やアイデア）は氷山の下（過去の経験や価値観、こだわり）から生まれてくる。

氷山の上を具体化するのはとても大事なのだが、それだけでは不足だ。本当に明らかにすべきなのは、氷山の下の部分である。「なぜそう思っているのか、どうしてそれが重要なのか」。これを言語化するのは本人にしかできない。

例えば、「使用率100％にこだわっているのは、タブレットを使うことによって均質なサービスを提供するためです。僕が現場にいたときには、営業担当者によって対応の差が激しくて」「軽い端末が大事だと思っているのは、営業に同行したことがキッカケなんです。想像以上に色々な荷物を持っていて大変でして」「GPSを搭載したいのは、営業担当者を監視するためではなく、営業の雑務を楽にするためです。本来の業務に集中してもらいたいんですよ」といった具合だ。

繰り返すが、本当に大事なのは、氷山の下の部分である。下がそろえば、上がそろう。下がそろっていないと、上は絶対にそろわない。私たちがこのステップをリードする場合は氷山の上下を強く意識して問い掛け、言語化してもらうように努めている。

ステップ3 言語化した思いを相互に「ぶつけ合う」

【やるべきこと】

　ステップ1とステップ2では、プロジェクトメンバーが個々に考えを深めてきた。ここまでくると、各自が自分なりに思考を深めて「このプロジェクトで何を目指すのか」「なぜこの取り組みが必要なのか」を個人の思いとして語れる状態になっているはずだ。いわば個人の氷山が明確になった状態と言っていいだろう。

　次は各自の氷山をチーム全体でぶつけ合う。個々人の意見を統合し、チーム全体で1つひとつの見解を作っていくことになる。<u>「個々人の価値観」をぶつけ合い、「共通の価値観」を醸成していく作業</u>といってもよい。個々人の氷山をぶつけ合い、1つの氷山を作っていく感覚だ。

　「問い」と「言語化」のステップは、上手に価値観をぶつけ合うための準備にすぎない。

ステップ1「問い」：1人でじっくり問いと向き合うことで、自分の考えがはっきりと整理される。

ステップ2「言語化」：言語化することで、氷山の全体像が見えるようになり、他者にぶつけられる状態になる。

ステップ3「ぶつけ合い」：各自の氷山をぶつけ合うことで、チームの意見としてまとまっていく。

　このステップを踏むからこそ、意見がまとまってくる。

【実プロジェクトでの状況】

　それぞれのメンバーが自分の意見を書き出した3日後。20人のプロジェクトのメンバーは1泊2日の合宿に臨んでいた。お互いの思いをぶつけ合

い、1つの共通価値観を作るためだ。

　各自が自分なりの思いをぶつけて、議論し、認識を少しずつ合わせていく。各自が事前に考えを深めているから、議論も白熱する。自分なりの思いがしっかりあるからだ。

　例えば、「なぜ端末は使われないのか？」「真の原因は何か？」について議論した模造紙が図6-3だ。

　「物理的な理由（重さと速度）」はもちろんあるけれど、「メリットがない」というのが大きな原因であること。さらにはタブレットの操作方法だけを教えている現在の「浸透プロセス」にも問題があるだろうという話になった。

　物理的な理由（重さと速度）は全員が挙げ、共通認識がすぐに作れたが、「浸透プロセス」を挙げた人は数人だけだった。しかし、数人が挙げた浸透プロセスの問題点を議論していくなかで、むしろここに大きな問題があるのではないかと盛り上がった。その証拠に最終的に貼られている付せんの数が一番多い。

　誰かが「浸透プロセスに問題がある」と言い出し、それに触発されて議論が深まる。「なぜそう考えたのか」を聞き、理解することで価値観がそ

図6-3　「なぜ端末は使われないのか？」「真の原因は何か？」のディスカッション結果

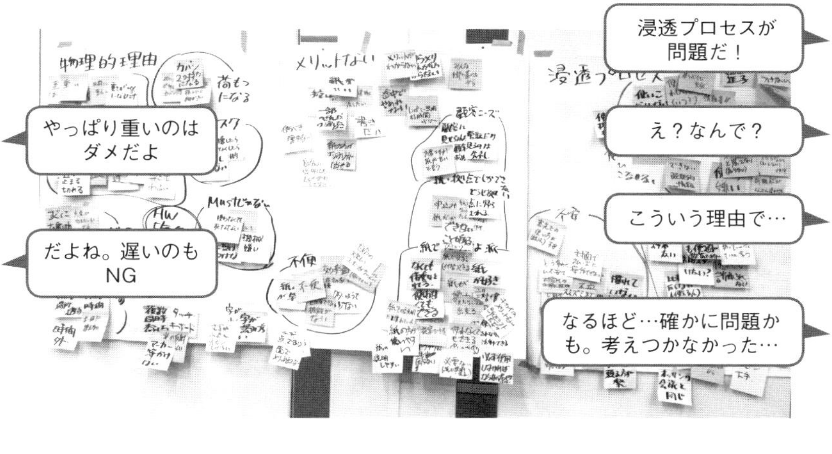

ろってくる。

　そして「これまでのように使い方だけを伝えるのではなく、タブレットを使うメリットを具体的なシーンで伝える」など、浸透プロセスを改革することが今回のプロジェクトの柱の1つになるだろうという共通見解が作られた。

　つまり、「単にタブレットを作るのがゴールではない。浸透プロセスにまで踏み込んで、タブレットを使って実際にメリットが享受できるところまでがゴールだ」という見解が作られた。

　別の議論も見てみよう。図6-4は「顧客に感謝される営業とは何か？」という議論をしたときの模造紙だ。顧客が営業に対して感謝してくれるのはなぜか。どんな営業が顧客に喜ばれるのか。これも色々な意見が出た。

・利益抜きでフェアな提案をしてくれる営業
・約束をきっちり守る営業
・豊富な商品知識を持っている営業
・私に合わせたピッタリの提案をしてくれる営業

図6-4　「顧客に感謝される営業とは何か？」のディスカッション結果

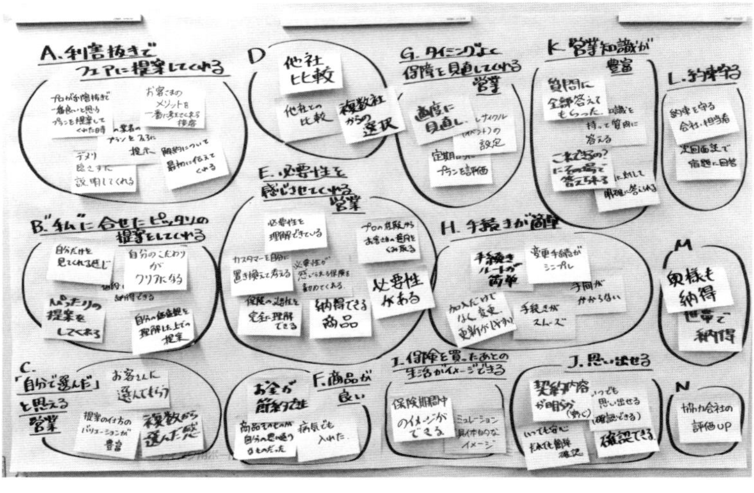

タブレットでフォローできるところもあれば、そうでない部分もある。一見、タブレット更改のプロジェクトと全然違う議論をしているようにも見える。

でもそれでいい。推進力のあるチームを作るためには、プロジェクトの意義・目的に納得することが不可欠だ。そのためには、どんどん前提にさかのぼっていく議論が必要になる。

このときは「自分だけを見てくれる営業」「必要な情報を必要なタイミングで過不足なく伝えてくれる営業」「一発でその場で全ての手続きが完了する事務」を新しいタブレットでサポートすべきだという議論になった。何を目指すプロジェクトなのか、プロジェクトによってどんな状態を作るのかが、おぼろげながら見えてきた瞬間だ。

このように、各自の思いを思いっ切りぶつけ合いながら作られるプロジェクトゴールは、上から降ってきたものを受け止めただけのプロジェクトゴールとは全く別ものになる。

ただし、ぶつけ合うにもコツがいる。喧嘩にならず、空中戦にならず、健全にお互いの意見をぶつけ合うためには2つのことに気を付けてほしい。

ぶつけ合いのポイント 1 ▶ 氷山モデルの「下」をぶつける

ぶつけ合ってくださいとお願いすると、必ず「意見」をぶつけ合おうとする。つまり、氷山の上の部分だ。だがそうではない。ぶつけるのは氷山の下、価値観の部分だ。

極端なことをいうと、氷山の上の部分（＝意見）はどうでもいい。氷山の下（＝価値観）の部分をぶつけ合い、すり合わせていくのが最大のポイントになる。

なぜなら、氷山の上は氷山の下からわき出てきているものであり、氷山の下が変われば、自然に上も変わるからだ。上だけすり合わせようとしても、下が合っていないとうまくいかない。価値観が異なるメンバーが集まっているときほど、つまり、部門横断的なプロジェクトであるほど、この氷山の下の部分をそろえるのが肝になる。下がそろえば、上は勝手にそろってくる。

ステップ2で氷山モデルを意識して言語化したのは、まさにこのためだ。

議論するときは意見だけでなく、必ず自分の価値観を語ろう。相手の意見を聞くときは、相手の価値観をきちんと理解し、尊重しよう。

価値観の議論には、正解も不正解もない。相互に影響を与え、より良い価値観を一緒に作っていけばよい。この氷山モデルが理解できていると、空中戦がなくなり、圧倒的に共通認識が作りやすくなる。

ぶつけ合いのポイント 2 集中討議で抜け・漏れを防止

こうしたぶつけ合いのプロセスは、1日ないし2日間、会議室に缶詰になって、集中して議論することをお薦めする。単にAかBかの結論を出すわけではなく、価値観をすり合わせるための議論であり、すり合った価値観を前提にして、次の価値観をすり合わせることになる。

そのため、全員が同じプロセス、同じ空気感を共有しながら結論に向かっていくことが大事になる。これは議事録などで補完できるものではない。

例えば、先の例だとこうなる。

問1：タブレットが使われない真の原因は何か？
→ 「重い・遅い」だと思っていたが、どうやら使うメリットが伝えられていないのが大きな原因のようだ。

だとすると、

問2：営業にとってのメリットは何か？
→ 売り上げが上がることか。それとも楽に仕事ができることか。一番は「顧客に感謝されること」なのではないだろうか。

では、

問3：顧客に感謝される営業とは何か？
→ 約束を守る営業、自分だけを特別扱いしてくれる営業、本音を言ってくれる営業、知識のある営業などなど。

なるほど、確かにそうだ。そう考えると、

問4：現在はどこまでできているのか？
→ …

　こんなふうに価値観のすり合わせが連続していくことで、共通見解にたどり着いていく。もし問2の議論に参加できなかったとしたら、抜けていた間にどんな話がされたのか、どんな空気感だったのかが見えなくなってしまう。自分の思いをぶちまける機会を逸してしまい、その後に続く議論

図6-5　プロジェクトチームの集中討議

にもモヤモヤが残る。全ては連続した議論であり、途中から議論に参加しても良いことは1つもない。だから全員で集中してやる。

　ところがこれを2時間の会議を5回やって別々の日に議論しようとすると、毎回全員参加で調整するのは非常に難しくなる。調整が付いたとしても前の会議が押したからとか、途中で電話があってといった理由で、誰かが抜けてしまう。

　価値観をすり合わせる作業からすると、実は非常に悩ましい問題である。これを回避するのに有効なのが「集中討議≒合宿」だ。先ほどの例では1泊2日の集中討議を設けて、誰1人抜けることなく、議論し切っている。別に泊まらなくてもよいのだが、議論の抜けを回避するために集中討議は必須だと考えてよいだろう。

　図6-5は、タブレット更改のプロジェクトチームの集中討議の風景だ。壁には「議論の跡」となる、模造紙がたくさん貼られている。こんな雰囲気で議論を戦わせ、徹底的に見える化し、思いをまとめていく。

プロジェクトゴールを「3つの軸でまとめる」

【やるべきこと】

　ここまで来ると、メンバーたちの思いは随分すり合ってきている。全員がプロジェクトの意義・目的や必要性を語れる状態になっている。あとはメンバーの思いを目に見える形でまとめていけばよい。まとめ方は図でも絵でも文字でもいい。

【実プロジェクトでの状況】

　ここまでタブレットについて何度も議論を重ねてきたが、最後にもう一度、「新しい端末で何を実現するのか」を書いてもらった。合宿の前に出した宿題と同じテーマだ。

　これも各自で考えて書き出してもらった。議論を重ねたことで、最初に書いてもらったものよりも、一段も二段も深いものがアウトプットされた。

図6-6　壁一面に貼られたフリップチャート

　そのうえで、どのコンセプトが今回のプロジェクトにふさわしいのか、全員で投票してみる。ただし投票しても1つの案にはならないため、多数決ではなく、合議制でこの案のどこがいいのか、どこに違和感があるのかを丁寧に議論していく。

　「この文章がいいな」「この絵がピンとくるな」「このキーワードは入れたいな」という感じで、あちこちの案からいいとこ取りをして、1つのコンセプトを作っていくことになる。

　実際に紙を切り貼りして作ったので継ぎはぎだらけになっているが、それでOKだ。きれいにまとめるのは、あとからでいい。最終的に作られたゴールとコンセプトが図6-7だ。

　当時のものを多少ボカして作り直しているが、このとき作られたものは、ほぼそのままのイメージだ。

　もともと、「××年までにタブレットを導入する」といったゴールしかなかったのだが、「タブレットのコンセプト」と「プロジェクトの必要性」が新たに加わっている。ビフォー/アフターで比較すると一目瞭然だろう。このゴール・コンセプトからは、プロジェクトで何を成し遂げるのか、なぜそれが必要なのかが伝わってくる。

図6-7　まとまったゴールとコンセプト

- 単にタブレットを更改するプロジェクトではないんだ。タブレットで「ありがとう」を生み出すプロジェクトだ
- 「ありがとう」を生み出せれば、顧客に喜んでもらえるだけではなく、営業も喜んでくれる。そうなれば、自然にタブレットが使われるようになるだろう
- これまでは営業視点が不足していた。使用率というKPI（重要業績評価指標）に踊らされていたが、本質はそうではなかった。営業の武器となるタブレット、顧客が本当に喜んでくれるタブレット、営業を支えるタブレットでなければならない
- 顧客から選ばれ続けるためにも、今このコンセプトを実現しなくてどうするんだ

　こうした思いがこの文面に込められている。これがプロジェクトの意義・目的を自分の言葉で語るということだ。上から降ってきた「与えられたプロジェクトゴール」が、「俺たちのプロジェクトゴール」に変わった瞬間である。「誰かのプロジェクト」から「俺たちのプロジェクト」に変わった瞬間といってもいい。
　「プロジェクトをやり遂げたい」という思いはここを源泉としてあふれ

出し、チームの推進力となっていくのである。

1泊2日の合宿も含め、わずか2週間程度の時間だが、このプロセスを大事にできると、あとが全く異なる。このときのプロジェクトリーダーは以下のように振り返ってくれている。

プロジェクトリーダーの回想

ケンブリッジさんがゴールとコンセプトを定めようと言い出したとき、正直、「早く調査を進めようよ。何をグダグダやってんだよ」と思っていました。そもそも、コンセプトを定めるなんて文化は、当社にはなかったのです。

他のメンバーもみんな理解できませんでした。当初ケンブリッジさんとの間でちょっとした討論になったのを覚えています。「コンセプトを定める必要があるのか」ってね。

でも、やってみて本当に良かった。今でも常に、あの絵(ゴール・コンセプトを示した絵)が心のなかにあるんです。新しいメンバーに説明するときはもちろん、検討が煮詰まったとき、不安になったとき、必ずここに立ち戻っています。これがみんなの心のなかに共通認識としてあるからこそ、ブレずに走れるんです。そして求心力が生まれるのです。

しかもプロジェクトが進めば進むほど、このコンセプトが効いてきます。何がしたいのか、これがあればちゃんと伝わります。

長いプロジェクトのなかで、この絵がなかったらどうなっていたか。我々自身も方向を見失っていたかもしれません。それくらい共通認識を作ることは重要なんだと気付きました。感謝です。

さて、ポイントを見ていこう。2つある。

まとめのポイント 1 ゴール、コンセプト、必要性の3軸でまとめる

　最も重要なことは「ゴール、コンセプト、必然性」の3要素を意識すること。ゴールを意識しないプロジェクトは今では減ってきたが、意義・目的や必要性を語るにはゴールだけでは不十分だ。ゴールは「いつまでに何をするか？」しか示さないからである。そこで以下の3つの軸が必要になる。

> ゴール：いつまでに何を達成するのか？
> コンセプト：ゴールの達成時に、どんな状況を作り出すのか？
> 必要性：なぜ、ゴール達成、コンセプト達成が必要なのか？

　色々な軸を試したが、この3軸が最もバランスが良い。

まとめのポイント 2 コンセプトは「その状態がいいな」と思える表現で

　ゴール、コンセプト、必要性の3要素のうち、特にコンセプトの概念が分かりづらいので、もう少し解説する。そもそも良いコンセプトとはどんなものか。コンセプトとは見る人に影響を与え、行動や思考のキッカケとなるものだ。そして、行動や思考に一定の方向性を与えるものだ。

もう少し砕いた言い方をすると「なるほど、この状態を作りたいのか」「うん。確かにこの状態がいいな」「この状態ができたら面白いだろうな」と思わせられるものだ。そして、「その状態を作るために、何が不足しているのか？」「この施策をやっても、コンセプトは実現できないんじゃないか？」という形で、判断の基準になることがコンセプトの役割である。

　逆に、機能しないコンセプトの代表格が「スローガン」。例えば、こんなものだ。

・経営の見える化を実現する
・ワークスタイル変革を！
・誰にとっても使いやすいシステムを作る
・顧客満足度ナンバーワンを達成する

　こう言われても、「経営の見える化」とは、何がどうなった状態なんだと、モヤモヤするのが普通だろう。「ワークスタイル変革を！」と言われても、「ワークスタイル変革のために不足しているものは何か？」という思考にはならない。つまり、思考や行動のキッカケになっていないのだ。

　では、先ほどのタブレット導入の事例を改めて振り返ってみよう。

> ゴール：「××年までにタブレットを導入する」
> コンセプト：「タブレットでありがとうを生み出す」

　このコンセプトなら、タブレットを使うことで顧客が喜んでくれる姿、タブレットがあるからこれまで難しかったサービスを提供できるようになる姿がイメージできる。確かにその状態は良さそうだ。
　そして判断の基準にもなる。「本当にこの機能を作ると、お客様はあり

がとうと言ってくれるのか？」「この機能はお客様のありがとうにはつながらない。だとすると、優先順位を落としてもいいな」と、自律的に考えることができるようになる。常に目的を意識しながら自律的に軌道修正できるようになるのだ。「機能を作ることが目的ではない。ありがとうを生み出すことが目的だ。だとすると、新しく作ろうとしているこの機能は、ありがとうにどうつながるのだろうか？」という思考が働き、思考が新たな行動へとつながっていく。

販売管理領域の業務改革プロジェクトのゴールとコンセプト

ゴール：現有戦力で2倍の売り上げに対応できる業務とシステム基盤を××年までに構築する
コンセプト：顧客ニーズに柔軟に対応するため、付加価値の少ない社内業務を徹底的に最小化／標準化する。
社内に散在している「契約ステータス」を一元化することで、営業担当者が「判断」に集中できる状態を作る。

　このゴールとコンセプトからは、販売管理業務の大半がシステムで自動化された将来像がイメージできるだろう。なにせ人員はそのままで、2倍の処理量をこなさないといけないのだから。
　そして、「本当に2倍の売り上げを支えられるほど、効率化できているのだろうか？」「グループ会社とのデータ連携を実現せずに、コンセプトを達成できるのだろうか？」という思考が働くようになる。
　また、「営業担当者が判断に集中できる状態」というのもイメージしやすく、思考が働きやすい。「この業務と機能で、本当に判断に集中できるだろうか？」と考えられる。「判断に集中してもらうためにどんな機能が必要だろうか？」と考えやすくなる。

ちなみに、最初は業務の効率化だけがゴール・コンセプトとしてうたわれていたのだが、物言いが付いた。

・何でもかんでも効率化して、本当にいいのだろうか？
・顧客に寄り添った柔軟な対応が会社の強みになっているのでは？
・そもそも、何のための効率化なのか？

こんな疑問が挙がり、じっくり議論した結果、顧客ニーズに柔軟に対応することは会社の強みである、ニーズに対応するためにはニーズとは関係ない部分を徹底的に効率化する必要がある、という結論に行き着いたのだ。こうして作られたゴール・コンセプトはプロジェクトでずっと頼りにされる。"立ち戻る場所"になるのである。

まとめ 「与えられたゴール」から「俺たちのゴール」へ変える

この章では納得度が高いプロジェクトゴールを作る方法を見てきた。いきなり調査などを始めるのではなく、一呼吸置いて、4つのステップを踏んでみること。これによって考えが深まり、「俺たちのプロジェクトゴール」に変わっていくと解説した。

もっと突っ込んでいうと、こうならないとプロジェクトはうまくいかない。「与えられたゴール」に何の疑いもなく従い、やらされ感が漂うなかで、関係者がやる気になるわけがない。長く苦しいプロジェクトのどこかで破たんしてしまう。ここで「俺たちのゴール」を作っておくことが、この先で抵抗と向き合う土台になるのである。

コラム ぶつけ合いの2大パターンを押さえる

　ここではもう一歩踏み込みたいプロジェクトリーダーのために、少し高度な「ぶつけ合い」パターンを解説する。多くのメンバーを長時間拘束する「ぶつけ合い」のプロセスはリスクも伴う。集まってもらって本当に有意義な議論ができるかどうか、プロジェクトリーダーの立場としては非常に気になる部分だと思う。そこでもう少し具体的にぶつけ合いの様子を見ていこう。

　実はぶつけ合い方には大きく2つのパターンがある。「論点設定型」と「課題ぶちまけ型」だ。状況に応じてどちらかを、場合によっては両方をやることになる。パターンを押さえておくと、どちらをやるべきか考えやすくなるだろう。

1. 論点設定型
　「問い」のプロセスで、第三者からの素朴な疑問が有効だと述べた。そこで出てきた問いをそのままぶつけ合い、合意形成していくやり方だ。
　タブレット更改のように、おおむねテーマが決まっている場合や、事前に論点が見えている場合は、このやり方が良いだろう。先ほどの例でいうと、「なぜ端末は使われないのか？　真の原因は何か？」「顧客に感謝される営業とは何か？」「タブレットだからこそ提供できる価値とは何か？」という感じの論点をテーマに、メンバーの思いをぶつけ合っている。
　このレベルの抽象的な話は、プロジェクトが進展するとなかなか議論している余裕がない。どれだけ議論しても、具体的な解決策にたどり着けないからだ。でも何も決まっていないプロジェクトの初期段階では、ドロドロとこういう話をしていると、お互いが大事にしている価値観を理解できたり、目指すべき方向や制約が整理できたりする。前出のタブレット更改の事例は、このパターンでぶつけ合いをしている。もう1つ、別の事例も見てみよう。

論点設定型のぶつけ合い

　ある精密機器メーカーで基幹システムの刷新を機に全社業務改革プロジェクトが立ち上がったときのこと。20年使っている基幹システムはかなり老朽化しており、事業環境もその当時とは大きく変わっていた。変化の必要性を誰もが感じていたため、全社改革そのものに反対する人はいなかった。「ここで何かを変えないといけない」という機運が高まっていたのだ。だが改革と一口に言っても、狙いは様々である。

・売り上げを向上させる
・コストを下げる／効率を上げる
・スピードを上げる
・付加価値の高い本来の業務に注力できるようにする
・付加価値の少ない業務を減らす
・情報を見える化し、経営判断を最適化・高速化する
・コンプライアンスを守れる状態を作る
・従業員満足度を上げる
・変化に対応できる足腰を整える

　変化しなければと思う気持ちは一緒でも、なぜ変化を起こす必要があるのか、何を狙って変化するのかは、まだすり合っていない状態だった。それどころか、ここまで深く考えていないメンバーも多かった。
　そのため、プロジェクトで達成したいことの候補を一覧化して、「プロジェクトで成し遂げたいことは何か？　それはなぜ？」という問い掛けをすることにした。各自が改めて考える機会を設け、その後全員でぶつけ合う。
　こうした議論は、意見が完全に一致するわけではない。やはり、人によって価値観も異なるし、現状調査が済んでいなければ、仮説の上

で議論することになる。それでも大ざっぱな優先順位はすり合うものだ。このときは、コストダウンや単なる効率化が狙いではなく、「付加価値の高い業務に注力できるように、付加価値が低い業務を徹底的に自動化、効率化する」のがプロジェクトとして目指すべきことなのではないか、という共通見解に至った。そのくらいまで議論できればいい。

2. 課題ぶちまけ型

　プロジェクトとしてやりたいことが全然定まっていないケースや、メンバー間の立ち位置がバラバラで課題認識が大きくズレているケースは、まず課題認識をぶちまけ合い、すり合わせていくことが多い。ただし、課題のブレーンストーミングをするだけでは意味がない。課題を洗い出すなかで、価値観がズレているところ、合っているところを確認すること。そして、その過程で生まれる素朴な疑問やそもそも論を捉えて、次のぶつけ合いに発展させていく必要がある。<u>課題をぶちまけるのは価値観の一致/不一致を見いだすキッカケを作るためなのだ。</u>

　課題ブレーンストーミングをやっても消化不良になるケースがあるが、それは洗い出すことが目的化していて、その先にある価値観のすり合わせまでたどり着いていないことが原因だ。事例を見てみよう。

事例　課題ぶちまけ型のぶつけ合い（その1）

　ある医療機器メーカーで行った全社改革のプロジェクトでは、各部門から均等に副部長クラスのメンバーを出してもらってプロジェクトを進めた。当初、決まっていたことは「全社レベルで改革すること」「営業などのフロントエンドではなく、事務などのバックオフィスをメーンターゲットにすること」くらいだった。

　しかも20人近いプロジェクトメンバーは部署も経歴もバラバラ。部

門間の連携もほとんどなく、お互いの業務や課題をほとんど知らない状況だった。同じ部署から出てきた20人だってバラバラなことを言い出すのに、全然違う部署から出てきた20人。しかも自分がやってきたことに自負のある偉い人たちばかり。全社プロジェクトに関わったことがある人ならイメージできると思うが、この状態でチームを1つにして、方向性をそろえるのは至難の技である。

　このときは20人のメンバーで、半日かけて課題のブレーンストーミングをした。付せんに課題を書き出しては発表して壁に貼っていく。

「ウチの部署でも、全く同じ課題があるよ」
「そんなことに困っていたのか？」
「だいぶひどい状況になっているんだな」
「それは少し見方が偏っていると思うな。ウチの部署から見るとむしろ逆で…」

といったやり取りが自然に出てくる。お互いに事情を知らないし、どんなことを考えているのか知らないのだから当然だ。この作業がお互いを理解し、立場を理解し、困っていることを理解することにつながる。ここでもコツは、氷山の下を確認していくことだ。

・なぜこれを課題だと思うのか？
・どんなことが起こっているのか？
・どのくらいマズイことだと思っているのか？
・将来どんな影響が出るのか？

これらを明らかにしていく。
　「組織の役割を見直すことが重要だと思う、なぜなら…」「事務処理が各部署でバラバラに流れていることが問題だろう。なぜなら…」。こ

うした意見が次々と出てくるわけだが、議論されていることが「事実」なのかどうかはよく分からない。裏付けのデータがあるわけではないのだが、それで構わない。メンバーが今、この瞬間に感じている課題がぶちまけられることに価値がある。

　そのときの様子が下の写真だ。まさに壁一面の課題となった。ここまでで、それぞれの部署の悩みや状況はかなり共有できた。さらに各自が「解決すべき重要な課題だ」と思うものにシールを貼ってもらい、なぜその課題を選んだのかを話してもらった。

　面白いのだが、ブレーンストーミングの過程で氷山の下をぶつけ合っているので、自然と票が集中してくる。これだけの付せんのなかで、丸いシールが特定の箇所に集中しているのが分かるだろう。

　もちろん、完璧に1つの統一見解にたどり着くわけではない。そもそも正解がある話でもない。それでも大枠で考えていることがそろってくるのだ。実際、3つほどの大きな課題がピックアップされ、その後のプロジェクトの柱になっていった。このときの集中討議の後、参加者がコ

図6-8　壁一面にぶちまけた全社の課題

メントを残してくれた。

「それぞれの部署はミッションが全く違うが、お互いに悩んでいることや困っていることがよく見えた」
「これまでコミュニケーションは多くなかったが、思った以上に同じ課題で困っていることが分かった」
「スッキリした。プロジェクトの目的が見えてきた気がする。これでようやく走り出せるよ」
「仮だが、3つの大きな課題が柱になりそうだと共通認識が作れたのが何より大きい」
「合宿を2日間やると聞いたときは無理だと思ったが、今は本当にやってよかったと思う」

　20人のバラバラだったチームは、こうして柱となる3つの課題を軸にコンセプトをまとめていった。

事例　課題ぶちまけ型のぶつけ合い（その2）

　ある金融系企業のIT部門の組織改革プロジェクトをお手伝いしたときのことだ。IT部門のミッション・ビジョン・役割を明確にし、実現に向けたアクションを洗い出すプロジェクトだった。
　10人ほどのプロジェクトメンバーが集められたのだが、まさに「与えられたゴール」という感じで、メンバーたちは、なぜ今ミッション・ビジョン・役割の話をしなければいけないのかがピンと来ていない状態だった。このまま検討を進めてもモヤモヤが残り、いいアウトプットはできそうにない。

そこで本論に入る前に「今の組織に不足しているもの、課題だと思っていること」を棚卸してみることにした。そのなかでミッションの議論より優先度の高いものが出てくるなら、そちらをテーマにすればいい。反対にミッションの議論が最優先課題だと思えるならスッキリする。

　メンバーには課題だと感じていることを自由に付せんに書いてもらい、ブレーンストーミングを行った。だが単に課題をブレーンストーミングするだけでは、どこにもたどり着けない。このときは書き出された付せんを1つひとつ確認しながら、「なぜそれが課題なのか？　そのままだと何が起こると思っているのか？」を引き出し、課題の因果関係をひも解いていった。

私　「"システムと人が1対1でひも付いている"と書かれていますが、どうしてこれが問題だと思うんですか？」
Aさん　「そのせいで個人商店化していて、組織として動けていないと

図6-9　課題ブレーンストーミングの様子

思うんだよ」
私　「なるほど。個人商店化していると色々と弊害が出そうですが、何が一番の問題だと思っていますか?」
Aさん　「やっぱり、個人の経験が組織の経験として蓄積できていないことかな」

私　「こっちの付せんには求める人物像が不明確と書かれていますが、具体的にどんな困りごとにつながると考えていますか?」
Aさん　「人材育成に響いているかもしれないな」
私　「なるほど。私はイメージができましたけど、Bさんは今の意見にピンと来ますか?」
Bさん　「いや、よく分からないです」
Aさん　「えーとね、どういうことかというと…」

といった確認をしながら課題の因果関係をひも解いていく。氷山の下が明らかになることで、若手メンバーもベテランのメンバーに引っ張られて、思考が深まっていく。何と何がどうつながっているのか、共通認識

図6-10　でき上がった「IssueMap」

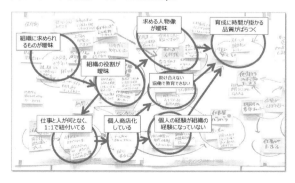

ができてくる。そして課題を因果関係でひも付けた「IssueMap」ができ上がった。

　IssueMapを作ったことで、幾つかの根っこが見えてきた。その１つが「組織に求められるもの（ミッション）が曖昧」という課題だった。メンバーたちは「これが曖昧だから『他部門との役割分担』も『求める人物像』も曖昧になっている。そして、人材育成にも悪影響が出ている」という結論に至った。ここまで議論して考えを深めたことで、「なるほど、確かにミッションが定まっていないのは大きな問題だ」という共通認識が生まれたのである。

　プロジェクトのゴールに納得し、確かにこれを解決しないといけないと思える状態を作れたのだ。中身は変わっていないが、「与えられたゴール」に対する納得度がグッと上がり、本当に目指そうと思える「自分たちのゴール」に変わったのである。この後、10人のメンバーは、ミッション・ビジョン・役割を明確にする検討に入っていくことになる。

　なお、課題同士のつながりには、まだかなり怪しい部分がある。その場で即興でつないでいっているためだ。だがこの段階では厳密なつながりになっていなくてもよい。共通認識ができて、解決すべき事柄をみんなで納得感を持って合意できればよいのだ。事実関係や課題の真因はこれからじっくりと調べていけばよい。IssueMapを正確に作ることが目的ではない。

　ここまでぶつけ合いの２つのパターンを見てきた。プロジェクトの状況によって採用すべきパターンは異なるが、両方を押さえておけば、対応しやすくなるだろう。

第7章 立ち上げ期
プロジェクトチームの熱量を上げる

プロジェクトゴールがどれだけ良くできても、全然本音が言えない環境では、上っ面な検討しかできない。プロジェクトチームの熱量を上げられないと、本質的なアウトプットを出せず、抵抗と向き合い切れないというのは前述した通りである。

チームが使命感に燃え、情熱をもって取り組めるようにしなければならないのだが、いったいどうすればそんな状態が作れるのか。最初に、チームの成果に関する2つの有名な研究があるので紹介したい。

心理的安全性がアウトプットの品質を高める

1. コミュニケーションが活発になると生産性が上がる

あるコールセンターでアウトバウンドコール（コールセンターから見込み客に電話をかけ、商品やサービスの購入を勧める業務）の成約率の向上が検討された。コールセンター全体の受注率は日々変動する。受注率が高い日もあれば、妙に低い日もあるのだが、できれば高い受注率で安定させてキープしたい。そこで変動の原因を解明する研究がなされた。

当初、変動の原因はオペレーターとして働いているメンバーが日々入れ替わっていることにあるのではないかと考えられた。オペレーターのなかには週3日だけ働くような人も多く、その日に出勤している人の平均的なスキルレベルが毎日変動することになる。だから、特定のハイパフォーマーが出勤していると成約率が上がるのではないかと予測した。しかし、実はそうではないことが分かった。

影響を与えていたのは、ただ1つ。休憩中の会話の「活発度」だった。<u>休憩中の身体運動（≒コミュニケーション）が活発な日は受注率が高く、そうではない日は低い</u>ことが分かったのだ。試しに同世代の4人チームで休憩させるようにしたところ、成約率が13％も向上したという。

これは日本のコールセンターでの話だが、米国でも同様の研究がなされ、同じ結果がもたらされた。それまでバラバラに休憩を取っていたチームができるだけ一緒に休憩を取るという施策により、最大で20％も生産

性が向上し、12億円ものコスト削減効果を実現している。

　コールセンターのように個人で仕事をする割合が高い業務でもこの結果であり、プロジェクトのように協働作業の割合が極めて高い仕事では、結果はもっと顕著に出ると考えられる。詳しくは書籍『データの見えざる手』（草思社、矢野和男著）を参照のこと。

2. 心理的安全性が確保されると生産性が上がる

　2012年に米グーグルのアリストテレスというプロジェクトチームが、社内の様々な作業チームを徹底的に観察し、成績の良いチームとそうではないチームの違いについて分析した。生産性において成果の異なるチームを様々な角度から分析し、より生産性が高い働き方のセオリーを見つけることが彼らのミッションだった。

　最初は「チームワーク」を重視して分析を進めたが、「仕事以外ではアカの他人」のようなチームでも、「社外でも友達同士」のようなチームでも、生産性が高いチームもあれば、そうでもないチームがあり、関連性は見いだせなかった。

　次に、チームのなかにある「規範」に着目した。しかし、生産性に関して目立ったパターンは見つからない。そのなかでパターンとして浮かび上がってきたのは、成功するチームには「心理的安定性」があるということだった。

　周りの目を気にせずに、<u>常に本音で思ったことを言い合える環境が成果に強く影響している</u>ことが判明した。同じメンバーであっても、心理的安全性が確保されているときと、そうではないときとでは明確に成果に差が出ていた。

　仕事をするチーム内で、本来の自分をさらけ出すことは容易ではない。だがそれをチームとして受け入れる心遣いや理解力を育むことによって、心理的安定性が築かれる。本来の自分をさらけ出してもいい環境であれば、ありのままに本来の自分のまま仕事ができ、それが生産性を高める唯一の方法であると結論付けられている。

これらの研究結果は、私たちの肌感覚と合致する。ケンブリッジでも常時たくさんのチームが活動しているが、うまくいっているチームは例外なくコミュニケーション量が多い。<u>安心して本音でコミュニケーションできる環境が、チームの力を最大化させるのである。</u>

　だが安心して本音でぶつかり合える環境は、相当努力しないと作れない。様々な仕掛けで意図的に環境を作っていく必要があると考えている。実際の現場で効果が高かった場を作るための7つの仕掛けを紹介しよう。

仕掛け 1 　双方向キックオフでプロジェクトにのめり込むキッカケを作る

　多くのプロジェクトでは、開始時にキックオフミーティングを行っている。ところがそのほとんどは「キックオフという名の式典」になり下がっている。よくあるキックオフはこんな感じだ。

・社長から一言いただきます
　「我が社を取り巻く状況は…、プロジェクトを起こした背景として…」
・プロジェクトの概要を説明します
　「全体のスケジュールは…、プロジェクトの最終的な目的は…、選出されたメンバーを紹介すると…」

・役割を説明します
　「今回は外部のコンサルタントに支援をお願いしています。色々とやってくれますので、気軽に相談を…」「皆さんの役割は…」
・直近の予定を説明します
　「さっそく明日から会議ですが…」
・以上、これからよろしくお願いします

　最低限のことは実施されているが、これではダメだ。一方的な伝達をするだけの式典的なキックオフ。これなら資料を配って終わりでよいだろう。そもそも、何のためにキックオフミーティングを行うのか。キックオフの目的は何なのか。ケンブリッジではキックオフの役割は2つだと考えている。

（A）プロジェクトの進め方に対する疑問を解消し、プロジェクトメンバーが走り出せる態勢を作ること
（B）本音で語り、本気で考えるキッカケ、プロジェクトにのめり込むキッカケを作ること

　先ほどのよくあるキックオフミーティングの例では、Aの要素は半分くらい、Bはさっぱり満たされていない。一方的に偉い人が話しておしまい。全然プロジェクトにのめり込むキッカケにはなっていない。
　一方的にならないようにするには、参加者から発信する場を設ければいい。私たちが必ずキックオフのアジェンダに組み込むのが「期待値の交換」である。メンバー1人ひとりにこんなことを話してもらうようにしている。

・プロジェクトで何を達成したいか？
・プロジェクトの肝は何だと思っているか？
・どんなプロジェクトにしたいか？

- プロジェクトでどんな経験を積みたいか？
- 不安、懸念は何か？
- 周りのメンバーに期待することは何か？
- プロジェクトオーナーに期待することは何か？

　これらを総じて「期待値」と呼んでいる。これらをお互いに表明して交換するのだ。人数が多い場合は紙に書き出してもらい、壁に貼ってみんなで眺めることもある。図7-1は実際のプロジェクトで実施した期待値交換の様子だ。こうして期待値を表明し合うことは2つの点で極めて重要だ。

(1)「考える最初の一歩」が作れること
　ボヤッとしていてもプロジェクトは走り出していく。何も考えなくても、言われたことだけをこなしていれば済んでしまうかもしれない。でもそれでチームの熱量を上げられるわけがない。だから、キックオフで強制的にプロジェクトのことを考える機会を作ってしまう。

図7-1 「期待値交換」で壁一面に貼り出された各自の思い

- プロジェクトの肝は何か？

- プロジェクトで何を達成したいか？

「プロジェクトで何を達成したいか？」と問われれば、考えてしまうのが人間だ。そこでハッとする。そもそも俺たちはどんなプロジェクトにしたいんだろうかと。キックオフでプロジェクトに「のめり込む」キッカケを作るというのはこういうことだ。

そして、1人ひとり順番に発表するのではなく、一斉に紙に書くのが良い。一斉に書くと、他の人の意見に乗っかれないからだ。自分の頭で考えて、自分の言葉で書くしかない。しかも貼り出されるから格好悪いことは書けない。だから真剣に考える。これが<u>本気で考える最初の一歩</u>になる。

(2)「オープンにコミュニケーションする最初の一歩」が作れること

期待値を書き出して並べてみることで、みんなが何を考えているのかが見えるようになる。「言いたいことを言えるプロジェクトにしたい」「全員が社長視点を持って」という感じで、プロジェクトに対する思いを表明してもらったり、「このプロジェクトで20年使える全社インフラを整備したい」とか、「営業担当者に喜んでもらえるようなプロジェクトにしたい」という感じで、達成したいことを話してもらうのだが、これが見えるとみんなが大事にしていることが見えてくる。

「みんな、本音で議論する場にしたいと思っているんだ。だったら俺も本音で話しちゃおうかな」とか、「普段クールなあの人が、これだけ熱くなっているんだな。楽しい取り組みになりそうだ」という感じで、<u>「誰がどんなことを考えているのかが見える」ということは、相当な心理的安心感をもたらしてくれる</u>。これがコミュニケーションの量を増やすキッカケになる。

仕掛け 2 ノーミングセッションで心理的安全性を確保する

さらに、心理的安全性を高めるために、キックオフとは別に「ノーミングセッション」を設けることも多い。

一般に、新しく組織されたチームは単なる人の集まりに過ぎず、お互い

に手探り状態だ。組織として機能するようになるには時間がかかるものだ。こうしたチームが作られていく過程を示したものに「タックマン・モデル」がある。

人が集まっただけの段階をフォーミング・ステージ、お互いの理解が進んで考え方の違いや意見の衝突が表出する段階をストーミング・ステージと呼んでいる。さらに、お互いの価値観が統一されたり、役割分担がしっくりとしたりしてくる段階をノーミング・ステージと呼ぶ。最後の段階はパフォーミング・ステージで、チームメンバーがお互いを補完し合って、1＋1が3にも4にもなっている状態を指す。

このモデルのポイントは「必ずこの4つのステージを経る」という点だ。つまり、どれだけ素早くストーミングを抜け出し、ノーミングの段階に移行できるかが大事になる。

だから、素早くノーミング状態にたどり着くことを目的に、「自分の強みと弱み」「好きなことと嫌いなこと」などをぶっちゃけて話し合う場を設けるようにしている。これがノーミングセッションだ。キックオフとは別に比較的少人数のメンバーでやることが多いのだが、これがいい。自分のパーソナルな部分をさらけ出してしまうことで「受け入れてもらえる」感覚が生まれる。これが心理的安全性の確保につながる。

これは結構、盛り上がる。「実は私、気が短くて、結論が見えない話は嫌いなんです」「なるほど。怒られないように、結論から話すようにしま

図7-2　タックマン・モデルの4つのステージ

すね」「マズイなあ。僕は話が冗長ってよく言われるんです。冗長だったら、遠慮なく指摘してくださいね」という感じだ。これでお互いの心理的な壁がだいぶ壊れる。

プロジェクトは忙しい。探り探り、「あの人は何ができるのか？」とか、「どんな人なのだろう？」なんてやっている時間はない。

仕掛け 3 Icebreakerでパーソナルな側面を知る

心理的安全性を確保するためには、私的な話をしたり、その人の人となりを理解したりするのが効果的だ。ところが「私的な話をせよ」なんて指示しても、なかなかそうはならない。そもそも、そんなプライベートな話をする機会がないのだ。

これに効く仕掛けがIcebreaker（アイスブレイカー）である。Icebreakerとは、会議の参加者がリラックスして会議に臨めるように、会議の冒頭で行う簡単なアクティビティーのことだ。簡単な心理テストをやることもあれば、「買ってよかった家電を教えてください」「最近読んだお薦めの本を教えて下さい」といったテーマを用意して、一言ずつ話してもらうこともある。要するに「少し私的な話に踏み込んだ雑談タイム」が設けられればOKなのだ。

時間にして、わずか2～3分程度だが、毎日Icebreakerを積み重ねると、チームの雰囲気が明らかに変わってくる。単純にIcebreakerが楽しいと評判になり、会議の遅刻者が激減する副次効果まである。たまに「そんなお遊びに付き合っている暇はない」なんて怒られることもあるが、お遊びなどではなく、チームの心理的安全性を確保するための方法論なのだ。本当に効果があるので、めげずに実施してもらいたい。

仕掛け 4 グラウンドルールで心理的安全性を確保する

プロジェクトでは必ず、グラウンドルールを作る。グラウンドルールとは、チームが守る行動規範のようなものだ。あるプロジェクトで作った実

際のグラウンドルールが図7-3だ。

期待値の交換で語られた内容が、そのままグラウンドルールになることも多い。

「部門の利益代表としてではなく、全社の視点で考えるプロジェクトにしたい」
→ 社長になったつもりで考える

「全員が本音でぶつかるプロジェクトにしたい」
→ 年次は忘れて、イチ総合職として発言する

「本当に納得できるプロジェクトにしたい」
→ モヤモヤしたらすかさず言う

といった具合だ。こうしたルールがあり、紙に書き出して貼っておくと、自然にグラウンドルールをうまく使って場を作る動きが生まれてくる。「いやあ、グラウンドルールに書いてあるので言っちゃいますけど、すごくモヤモヤしますね」とか、「その発言、ポジショントークっぽいよ。グラウンドルールがあるじゃないか。社長になったつもりで話して」とか。

図7-3　グラウンドルールを書き出す

これも心理的安全性を確保する工夫の1つだ。

グラウンドルールというセーフティーネットがあるからこそ、発言しやすくなる。特に、部門をまたいでチームを作るときには、絶大な力を発揮する。よく知らない他部署の人の行動を正そうと思うと、結構度胸がいるものだ。

仕掛け 5 プロジェクトルームで偶発的コミュニケーションを発生させる

1つの会議室をプロジェクトルームとして押さえて、専任のメンバーはそこに常駐する。兼任のメンバーは自席とプロジェクトルームを行ったり来たりする形を作るようにしている。

こうすると、会議のたびに会議室を押さえる手間がなくなるし、プロジェクトに所属している感も出る。また、誰かが通常業務の息抜きでふらりと立ち寄ってくれるなど、プロジェクトルームに自然に人が集まるようになる。そのたびに雑談が少し生まれるのである。

雑談から価値観がすり合っていくこともある。論点が出てくることもある。リスクが拾えることもある。偶発的なコミュニケーションはプロジェクトの"行間"を埋める大事な役割を担ってくれるのだ。

さらにプロジェクトルームにはお菓子を置いておく。人を引き付け、と

どまらせ、雑談を誘発させるための仕掛けだ。チョコレートやアメなど、ちょっとしたお菓子でよい。小袋に入っているものがお薦めだ。お菓子につられて色々な人が寄ってくるし、お菓子をネタに雑談をして、場の雰囲気をなごませたりもする。何かを食べながら話すと、心理的な距離感が近づくという研究結果もあるそうだ。

　実はカタイ会社だと「不まじめだ」という理由で、嫌な顔をされるケースがある。だがそんな堅い会社こそ、柔らかい雰囲気や特別な取り組み感を出すための工夫が要る。全てはコミュニケーションを増やし、チームの熱量を上げるための工夫である。

仕掛け 6　プロジェクトルームでスイッチを切り替える

　プロジェクトルームは、思考のスイッチを切り替えるのにも効果的である。

・今日明日の仕事から離れて、5年後10年後のあるべき姿を考える
・自分の部署の仕事から離れて、全社視点で考える
・建前論から離れて、本音でぶつかり合う

　そんなふうに思考のスイッチを切り替えるのにプロジェクトルームは有

図7-4　プロジェクトルームの様子

効だ。「このプロジェクトルームに来ると、空気が違うんだよね。熱気があるっていうかさ」なんてコメントを一緒に働く人たちからよくいただく。

　プロジェクトルームには、グラウンドルールや、調査や検討の結果を貼りっぱなしにしておく。ToDoリストや課題リストも見える所に貼っておく。<u>検討の熱量がそのまま保存される感覚</u>だ。

　だからプロジェクトルームに入るだけで、スイッチを切り替えられるのである。この効果は決してバカにできない。

仕掛け 7　プロジェクトリーダーの振る舞いがチームの雰囲気になる

　当然だが、チームにはリーダーが必要であり、リーダーの振る舞いはプロジェクトチームの雰囲気やコミュニケーション量に大きな影響を与える。チームの熱量を上げるために、リーダーはどう振る舞うとよいのだろうか。

メンバーの意見は、極力否定しない

　1つの方法は「発言を肯定する」ことだ。発言を肯定しないリーダーは本当に多い。例えば、こんなやり取りに身に覚えはないだろうか。

・否定するリーダー

　「ちょっとまとまらないんですが、僕は何となく××が△△じゃないかと思うんです」と部下が発言する。リーダーからすると、部下の発言は的外れだったから、ついこう言ってしまう。「うーん、よく分からないな。悪いけど、もう少し整理してから話してくれる？」

　リーダーの気持ちは分かるが、部下はきっとこう思っている。「しまった。違ったんだ。今度からはもう少し慎重に発言しよう」。これでは部下から発言が出てこなくなる。

・リアクションしないリーダー

　「僕は××だと思うんです」という発言を受けて、何のリアクションもし

ないリーダーがいる。否定はしていないが、リアクションがない。沈黙だ。これも発言した側からするとなえる。「あれ？　おかしなことを言ったかな。次からはもう少しインパクトのあることを言うようにしよう」と。

こうなると、どんどん発言量が減ってしまう。つまり、チームの生産性が下がってしまう。「うかつなことは言えない」「否定されないような意見だけ言おう」という心理が働いてしまうからだ。これは明らかに目指すべき状態ではないはずだが、メンバーの不甲斐なさなどを目の当たりにして、ついついこうしたアクションを取ってしまうリーダーは多いものだ。

解決策は単純。少し大げさにリアクションし、肯定すれば良い。発言してくれたことに感謝する。内容を否定するのはその後だ。

「ちょっとまとまらないんですが、僕は××だと思うんです」とメンバーが発言したら、「まとまっていなくてもいいんだよ。なるほど、貴重な意見だな」と一言言う。

「僕は××だと思うんです」とメンバーがぶっ飛んだ発言をするなら、「何を言っているんだ？」と言いたくなるのはグッと我慢して、「なるほど、確かにその考えもあるな。考えなかったよ」と切り返す。

大げさなくらいリアクションして、肯定するくらいでちょうどいい。意見を却下するにしても否定するにしても、まずは肯定した後だ。怒られてやる気になる人などいない。所詮は人間。褒められて、初めてやる気になる。遠回りなように見えるかもしれないし、子供だましに感じるかもしれないが、否定せず肯定していかなければ、チームは良い状態にならないのだと理解してもらいたい。

「リーダー」と「ファシリテーター」の要素を兼ね備える

プロジェクトを推進するためには、プロジェクトリーダーの強い思いや意思が欠かせない。とはいえ、リーダーが独りで突っ走るわけにもいかない。各メンバーが自分で考え、自分なりの価値観を整理し、他のメンバーとぶつけ合うことで、少しずつ合意形成をしていくことが推進力を生む。

だから、<u>自分のなかに強い思いがあっても、中立的にメンバーの考えを</u>

引き出したり、メンバーが考えるキッカケを作ったりする役回りを求められる。我々はこの役回りを「プロジェクトファシリテーター」と呼んでいる。直訳すると「プロジェクトを促進する人」という意味になる。強力な意思を持ってプロジェクトを引っ張るリーダーとは少し役回りが異なる。

プロジェクトのために何が必要か、どんな情報や人がいればプロジェクトが進むのか、誰が納得していないのか、どうやってそれらを解消するのかを考え、実際に解消していく役回りがプロジェクトファシリテーターである。

例えば、プロジェクトメンバーが30点の案しか出せなかったとしても、リーダーが自分の案を一方的にゴリ押しするのは良くない。メンバーから考えを引き出し、尊重すること。30点の案とリーダーの案を掛け合わせ、より優れた案にしていくことがファシリテーターには求められる。メンバーを引き上げていかないとプロジェクトチームの熱量は上がらないのだ。権力のあるリーダーであるほど、もどかしく感じるかもしれないが、ここはグッと我慢して、ファシリテーター要素も併せ持ってほしい。

独りでこなすのが難しければ、役割を分けてもよい。サブリーダーにファシリテーター機能を受け持ってもらったり、外部のコンサルタントをファシリテーターに使ったりしてもよいだろう。他に思いの強いメンバーがいれば、リーダーがファシリテーター役を担ってもよい。何にせよ、プロジェクトリーダーの振る舞いがチームの生産性に直結する。リーダーの雰囲気がそのままチームの雰囲気になると言ってもいい。

> **まとめ**
> ## 心理的安全性を確保して
> ## チームの力を最大化する
>
> 抵抗と向き合いながら、変革プロジェクトを成功させようと思うと、どうしても検討の品質や成果物の精度、現場の反応などを気にしてしまい、チームの状態はないがしろになりがちだ。しかし、チームの状態

> <u>がプロジェクトを左右すると言っても過言ではない。</u>この章で紹介した仕掛けは、ちょっとした工夫ばかりだから、大げさに語られることは少ない。しかし、過去に優れたリーダーたちが暗黙的に行ってきたものばかりである。チームの状態を甘く見ず、愚直に工夫してもらいたい。

第8章 立ち上げ期

経営陣を味方に付ける

チームに勢いがあっても、チーム外の人にそっぽを向かれてしまうと空回りしてしまう。特に経営陣などのステークホルダーには関心を持ってもらい、味方になってもらわなければならない。第5章で触れた通り、経営陣のバックアップは抵抗と向き合ううえで必須要件となる。そこでこの章では経営陣の巻き込み方を解説したい。

　ところで、意思決定者たる経営陣がどんなふうに行動してくれれば、プロジェクトとして理想的なのだろうか。理想像が分かれば、プロジェクトリーダーも動きが取りやすくなる。まずは経営陣の理想的な振る舞い方を明らかにし、その理想像に近づけるためにプロジェクトリーダーがすべきこと（できること）を考えてみよう。

変革プロジェクトにおける経営陣の理想的な行動

　プロジェクトリーダーの立場からすると、いったいどんな振る舞いをする経営陣がよいのか。勝手に理想像を描いてみると、大きく3つの要素に分類できる。「プロジェクトに関心を持ってくれる」「チームの力を最大限に引き出す動きをしてくれる」「積極的に行動してくれる」の3つの視点だ。

1. プロジェクトに関心を持ってくれる経営陣

　経営陣がプロジェクトに関心を持ってくれると、プロジェクトチームとしては本当にありがたい。相談にも行きやすいし、支援も仰ぎやすい。何より自分たちがやっていることが意義のあることだと思える。ふとしたタイミングで声をかけてくれたり、プロジェクトルームに顔を出してくれるだけでも雰囲気が伝わってくるものだ。具体的には、以下のような行動に表れる。

（1）プロジェクトの状況を気にして、事あるごとにチームメンバーに声をかける

(2) プロジェクトの雰囲気や検討の内容を知ろうとする
(3) プロジェクトルームに顔を出す
(4) 他のところで聞いたプロジェクトに関連する話題や意見などをインプットする

　意外とこうした行動を取ってくれる経営陣は多くない。<u>自分から情報を取りに行く動きをしてくれるのが理想的</u>といえるだろう。

2. チームの力を最大限に引き出してくれる経営陣

　変革プロジェクトの主役は経営陣ではない。プロジェクトリーダーやプロジェクトメンバー（または現場）が主役になる。だから経営陣は出しゃばらず、大事なところだけをしっかりと押さえてくれるのが理想だ。経営陣がいちいち細かく首を突っ込んでくると、プロジェクトチームは経営陣

の顔色ばかり、うかがうようになる。経営陣の意向を読み取り、意向に沿った結論を出そうとしてしまう。

その結果、チームの主体性はどんどん失われていく。そうならないように、経営陣には<u>チームの主体性を引き出す行動</u>を取ってもらいたい。具体的には以下の7つだ。

---

(1)「答え」を示すのではなく、「答えにたどり着くヒント」を示す
(2) 思いの丈は最初に語る
(3) 意思決定の場では「なぜそう考えたか」に焦点を当てる
(4) 細かいことには目をつぶり、本質を押さえる
(5) チームの検討結果に対して、明確な意思決定をする
(6) プロジェクトで検討すべき範囲を示す
(7) より高く、より広い視点でアドバイスをする

1つずつ、簡単に解説する。

(1)「答え」を示すのではなく、「答えにたどり着くヒント」を示す
「この機能を営業に持たせるべきだ」「この施策を先にやるべきだ」という自分の思いや答えを押し付けるのはダメだ。経営陣が答えを示し始めると、チームは自分たちで考えなくなり経営陣ばかりを見るようになる。だから、答えは示さず「こういう視点は持ってほしい」「この点が気になっている」という形で論点や切り口を示してもらえると、チームの主体性は失われず、方向性も間違えずに済む。

そうしていると、次第に任されている側も本気になってくる。「下手な決断はできないな。俺たちの意思決定がそのまま会社の方針になるんだから」「これだけ任せてくれているんだから、期待に応えなくちゃ、俺たちの価値はないぞ」という気持ちになるものだ。チームが出す結論を尊重す

る動きが、チームの主体性を引き出すのである。

(2) 思いの丈は最初に語る

　とはいえ、経営陣にだって思いがあるはずだ。思いがあるなら、押し黙っている必要はない。ただし、最終的な意思決定の場で「俺はこう思う」と主張をするのはやめてもらいたいものだ。後出しで方向性を打ち出すのは反則である。

　<u>思いの丈を語るタイミングはプロジェクトが発足した直後、もしくは直前</u>である。それも絶対的な正解としてインプットするのではなく、有力な仮説としてチームにインプットするのがよい。経営陣の意見だって、あくまでも仮説。本当に正しいのかは調査をして、分析をして、検証しなければならないのだから。

(3) 意思決定の場では「なぜそう考えたか」に焦点を当てる

　プロジェクトチームが出した結論が、自分が思う方向性と異なっても、頭から否定するのではなく、「なぜそう考えたのか」「××の要素はどう考慮しているのか」などを丁寧に確認してもらいたい。検討プロセスを確認するのだ。

　そして、検討が甘い部分が見えたなら、ダメ出しするのではなく、チームに不足している視点をアドバイスしてほしい。「A施策の効果は本当にそんなに出るかな？　効果試算の内訳をもう一度調べてみてくれ」という感じだ。「<u>A施策はやるべきではない」などと答えを示してチームの仕事を奪ってしまうのは最後の手段</u>にしてもらいたい。チームの主体性も一緒に奪ってしまうからだ。

(4) 細かいことには目をつぶり、本質を押さえる

　報告の場などでは、不慣れなプロジェクトメンバーがつたない説明をするかもしれない。分かりづらい資料を作ってくるかもしれない。細かく指摘したくなる衝動に駆られるかもしれない。

しかし、多少は目をつぶり、本質を見定めることに意識を集中してもらいたい。資料の分かりづらさを指摘し始めると、プロジェクトメンバーは資料作りに精を出し始める。本当に重要なのは、資料の見栄えなどではないはずだ。GOのボタンを押せるか、意思決定するためにはどんな情報が必要なのかだけを考えるべきである。

(5) チームの検討結果に対して、明確な意思決定をする
　よく見るのは、チームが決断を迫っているのに「言いたいことは分かった」と言うだけで、明示的な意思決定をしないケースだ。チームが出した結論に対しては、明示的に意思決定をすべきである。
　「このまま検討を進めるべし」「この案で経営承認を取るから、少し待ってくれ」「この案は××の理由で実現が難しい。来年まで保留とする」「この案は××の観点で検討が不足していると思う。追加検討して、次回の経営会議にかけてくれ」といった形で、GO、NoGO、条件付きGO、条件付き再検討など、明確に意思決定してもらいたい。そうでないと、プロジェクトチームはどうすればよいのか道に迷ってしまう。

(6) プロジェクトで検討すべき範囲を示す
　大規模なプロジェクトになるほど、人事が絡む話や組織にまつわる話、他部署や協力会社、親会社に及ぶ話など、どこまで踏み込むか悩ましいテーマが多くなる。そんなときに「ここまではプロジェクトで検討せよ。ここから先は経営陣で検討する」といった具合に線引きをすると、チームは動きやすくなる。プロジェクトチームと相談して線引きを決めるのも良いだろう。

(7) より高く、より広い視点でアドバイスをする
　プロジェクトメンバーはどっぷりと検討に浸かっているため、どうしても視点が狭くなりがちだ。視点を引き上げ、方向性をそっと修正する動きが経営陣には求められる。より長い時間軸を示すこと。事業視点や顧客視点、市場視点など抜けがちな視点を与えること。効率化だけでなく、事業

継続やセキュリティー、コンプライアンスの視点を与えることなど、常に一歩引いて抜けている視点を探すようにしてもらいたい。

以上がプロジェクトチームの力を最大限に引き出す振る舞い方だ。

3. 積極的に行動してくれる経営陣

経営陣に求めたい最後の要素は「行動してくれる」こと。経営陣が単なる批評に終わらず、積極的に動く姿勢を見せてくれると、チームとしても後押しされている気持ちになるし、何より経営陣に動いてもらわなければ変革は成功しない。経営陣にしかできないことは以下のようなものだ。

---

(1) 関係部署と交渉して人材を確保する
(2) 予算を確保する
(3) 現場に働きかけ、影響を与える
(4) 他の幹部に働きかけ、影響を与える
(5) 何が正解か分からない問いに、経営判断を下す

特に(5)は重要だ。誰がどう見てもAだと分かるものに決断を下すのは、経営判断とは言わない。小学生だって決断できる。AなのかBなのか悩ましい問題、確信が持てない問題に対して判断を下すのが、経営陣の役割だ。「判断材料がそろい切っていないな」「まだうまくいくとは言い切れないだろう」なんて批評して、決断を先延ばしにするのは経営の仕事を放棄しているともいえる。

単にGO、NoGOだけでなく、「この情報があれば決断できるから再収集してほしい」とか、「まずはトライアルをやってみよう」とか、決断の仕方は色々あっていい。「悩ましい決断」こそ、経営陣にイニシアチブを取ってもらいたい。

理想的な振る舞いをしてもらうため、何ができるか

　さて、前述したような振る舞いを経営陣がしてくれるのが理想的なのだが、現実はなかなかそうならない。可能なら、経営陣にこの章を読んでもらって、振る舞い方についてディスカッションするのが一番いい。とはいえ、それも難しいだろうから、プロジェクトチームから上手に働きかけて、"経営陣が理想的な振る舞いをしやすい状況"を作っていくしかない。チームとして取るべき行動を整理しておこう。

1. トップインタビューで思いを引き出す

　思いの丈は最初に語ってもらいたい。あとから出されると困るからだ。だとすると、チームとしては、経営陣に話をうかがう場をプロジェクトの立ち上げ期に設けるべきだろう。時間は30分程度でよい。

　聞いてはみたものの、経営陣に思いがないケースもある。でもそれでいい。「思いはない」ということが暗黙的に確認できるのだから。後出しされるリスクの方がずっと高い。トップインタビューでのヒアリング項目はこんな感じになることが多い。

・所管部門の中期計画は？
・今一番課題だと思っていることは？
・プロジェクトのことをどう見ているか？
・プロジェクトで成し遂げたいことは？
・プロジェクトで踏み込むべきではない領域は？
・チームに対する期待値は？

　項目を一方的に話してもらうだけでなく、チームから確認する場としても使う。例えば、プロジェクトでの検討範囲を確認したかったら、「業務機能の設計まではプロジェクトで行って、執行に必要な人員や組織体制は経営で決めてもらう形でいいですか？」「営業戦略や販売戦略に踏み込む

ものは対象外でいいですね？」「協力会社の業務オペレーションまで含めて考えていいですよね？」という感じで確認すればよい。

2. トップインタビューで関係を作り、ちょこちょこ報告する

トップインタビューを設ける狙いはもう1つある。それはこまめに相談に行ける関係性を作ることだ。経営陣にはプロジェクトに関心を持ってもらいたい。そして検討の方向性がズレていないか、視点が低くないか、こまめにアドバイスをしてもらいたい。

だからチームからこまめに状況報告に行き、アドバイスをもらいに行こう。そうした関係をトップインタビューで作ってしまうのだ。

インタビューの最後には必ず、「あとからちょこちょこ報告に上がってもいいですか？　ほんの10分でいいので、都度状況をご報告したいのです」とお願いする。するとほとんどの経営者は「ぜひ来てくれ」と言ってくれる。経営陣からしても、重要なプロジェクトが気にならないわけがないのだから。お互いに損をしないためにも、少し図々しく関係作りをしていこう。

3. プロジェクトルームや検討の場に来てほしいと依頼する

報告だけでなく、プロジェクトの様子を経営陣にも見てもらいたい。プ

ロジェクトルームにも顔を出してもらいたい。現場を見れば、経営陣の興味や関心もグッと高まる。

ちょこちょこ報告できる関係が作れているなら、図々しく「プロジェクトルームに顔を出して下さい」とお願いしてみよう。それだけで8割方、顔を出してくれる。

ここでのポイントはチームからお願いすること。経営陣からすると、見に行きたくても呼ばれていないのに行けないよ、という思考になるのが普通だからだ。そこでチーム側から水を向ける。

4. 中間報告で経営陣が知りたいことを的確に伝える

経営陣には細かいところではなく、本質的な部分を押さえてもらいたい。だとすると、報告する側も、それに応える報告をしないといけない。細かい話を報告すれば、経営陣だって気になってしまう。では、「本質的な部分」とは何なのか？　経営陣が知りたい「本質的な部分」は以下のようなことだ。

（1）結局、何が悪くて、将来どう変わるのか？
（2）どんな施策を打つのか？
（3）投資対効果は出るのか？
（4）何のために、何を目指す取り組みなのか？
（5）根本的な問題は何だったのか？　根治治療はできるのか？
（6）進めるうえでのリスクは何か？
（7）やっているメンバーはどう感じているのか？
（8）今回のプロジェクトで初めて分かったことは何か？

これらを"一言"で伝えられるように、端的に伝えられるように準備しなければいけない。どうしても、単に「分かったこと」や「やったこと」を列挙してしまいがちだし、ダラダラと長い説明をしてしまうものだ。そうではなく、経営陣が気になることを端的に一言で伝えられるように準備しておくべきである。細かいところに目を向けてもらっては困る。大局的

に本質を押さえてほしいのだから、こちらも理解してもらいたい本質を、スパッと出さなければならない。

検討に深く入り込んでいると、忘れてしまいがちだが、経営陣への報告の前に一呼吸置いて「経営陣が本当に気になることは何か？」を考えてもらいたい。

> **事例** プロジェクトの全容を探る
>
> あるプロジェクトでは、全社課題の解決をテーマに非常に広い施策を検討した。「効率化や品質向上」に寄与する施策もあれば、「成長や売り上げ」に寄与する施策もある。「フロントエンド寄り」の施策もあれば、「バックオフィス寄り」の施策もあった。個別に施策を検討していると、それぞれがどんな関係にあるのか、どの施策とどの施策が連

図8-1　プロジェクトにおける施策の全容

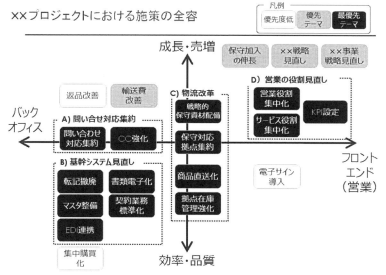

第8章　立ち上げ期　経営陣を味方に付ける

携しているのかも分かりづらく、全体像が見えづらくなってしまう。そこで複数の施策をこんなふうに1枚のチャートで示した。

　さらに関連する施策をくくり、これから何を柱に改革を進めていくのか、どの施策の優先度を落とすのかを端的に示した。これを最初に説明し、「柱となるのは4つの施策領域です」と伝えてから、詳細を説明するようにしていた。

　何でもない1枚だが、これがあるのとないのとでは、経営陣の理解度は全く変わってくる。もちろん、経営陣以外にも、プロジェクトがやろうとしていることがグッと伝わりやすくなる。

5. 中間報告では論点とやってほしいことを明確に伝える

　経営陣には積極的にアクションしてほしいし、明確に意思決定してほしい。だとすると、プロジェクトチームも経営陣がアクションしやすい形で意思決定を迫らないといけない。そのためには、論点や依頼事項を明確に示すことが取り得る唯一の方法だ。

・プロジェクトの対象外にするかどうかが論点です。プロジェクトとしては、対象外にしようと考えていますがよろしいですか？
・これまでは作業負荷が問題だと考えられていましたが、調査の結果、負荷は問題になるレベルではないと判断しました。何か見落としはないですか？
・××部門に検討に入ってもらいたいのですが、人の交渉をしてもらえないですか？
・支店長会議で、プロジェクトの取り組み状況を紹介してもらえませんか？　併せて、プロジェクトに協力するように要請してもらえるとスムーズにいくのですが、どうでしょうか？

　こんな形ではっきりと示す。これがボヤッとしていて、事実だけを淡々

と伝えるような報告ではダメだ。経営陣も何を判断してよいのか分からなくなる。ここまで端的に示せれば、経営陣も判断に集中してくれる。

> **まとめ　経営陣を味方に付け、使い倒す**
>
> 　経営陣を味方に付けるため、チームとしてやれることはたくさんある。最も良くないのは、プロジェクトチームが経営陣に遠慮したり、顔色をうかがったりすること。<u>変革の成功のために使えるものは、徹底的に使い倒すくらいの気持ちでいい。</u>
>
> 　経営陣であっても、こちらから歩み寄って働きかけ、使い倒していかないと、うまく味方に付けられない。大きなプロジェクトであるほど、重要なプロジェクトであるほど、経営陣の巻き込みがモノを言うことになる。

おわりに

抵抗と向き合うには「人」と向き合え

　ここまで企業変革における抵抗との向き合い方について、様々な角度から解説してきた。数々の実プロジェクトで蓄積してきたノウハウを、余すことなく言語化できたと思う。

　実戦から生まれたものだけに、かなり泥くさい内容だったと思うが、これが実態だ。きれいごとだけでは改革は進まない、正論だけでは人は動かないのだ。ケース・バイ・ケースで柔軟に対応する必要があるだろうが、本書で解説した方法論を体系的に押さえておけば、グッと対処しやすくなるだろう。

　最後に2つお伝えしたい。1つは、これまで解説してきた通り、人に寄り添わなければ抵抗と向き合うことはできないということだ。

・システム部門が独自に調査をしてシステムを作り、完成してから現場に説明する
・コンサルタントが一方的に聞きたいことだけをヒアリングし、分析した結果や施策をポンと置いていく

　こんなやり方がうまくいかないのは、本書を読んでくださった人なら容易に理解できると思う。人と人が協力し、1つの目的に向かって走るには、極めて高度なコミュニケーションが求められる。寄り添い、引き出し、理解して、一緒に答えを探していくスタイルでなければ、抵抗とはうまく付き合えない。

　このスタイルを従来の先生型変革（誰かが正解を示して進める変革）と対比させて、我々は「ファシリテーション型変革」と呼んでいる。強力な

トップダウンを利かせづらい日本では、特に重要な概念だと感じている。泥くさいやり方かもしれないが、人と寄り添うにはファシリテーション型変革以外に方法がない。

　もう1つは、抵抗としっかり向き合うとうれしい副産物が手に入るということだ。抵抗と向き合いながら変革をやり切った企業は、それだけで組織の力が一段上がる。各自の思いを尊重しながら本音をぶつけ合うコミュニケーションスタイルが身に付いたり、常に意義・目的を念頭に置きながら仕事を進める癖が付いたりする。

　プロジェクトを通じて、自然と働き方や物事の捉え方、思考の仕方が変わるのだと思う。これはプロジェクトそのものの成果よりも、ずっと大きな価値があるといえるだろう。次世代のリーダーは抵抗と真摯に向き合うプロジェクトから生まれるのである。だから抵抗と向き合うことを手間だと思わず、エース級の社員を投入して本腰を入れてもらいたい。

　本書の出版に当たり『日経情報ストラテジー』の小林暢子編集長、川又英紀副編集長にはお力添えをいただいた。実は日経情報ストラテジーでの連載や取材から、相当数のビジネスパーソンが「変革に対する抵抗」に相当苦しんでいることが分かってきたのだ。企業で変革に携わり、抵抗と向き合っている人などごく一部だろうと思っていたが、本当に多くの人が四苦八苦して、何とか変革を推し進めようともがいていたのである。本書はそうした人たちをバックアップするために生まれた。

　私が共著で関わった『業務改革の教科書』（日本経済新聞出版社）と共に、本書が少しでもリーダーたちの力になればと願っている。みなさんの変革の成功に向けて、私ができる努力は惜しまないつもりだ。疑問や質問、感想など、こちらのメールアドレスまで送っていただければ、時間の許す限りお答えするようにする（henkakuya@ctp.co.jp）。

　変革プロジェクトの相談もうれしい。できれば、本格的に立ち上げる前がいい。立ち上げ期に推進力のあるチームを作ることが何より肝心なのだから。

本書を片手に変革をやり切ったという報告はもっとうれしい。気軽に連絡をいただけるとありがたい。
　さて、私たちにできることは全力でやった。後は行動あるのみだ。みなさんの健闘を祈る。

2017年3月　榊巻 亮

榊巻 亮（さかまき・りょう）

ケンブリッジ・テクノロジー・パートナーズ
ディレクター

大学卒業後、大和ハウス工業に入社。住宅の設計業務に従事すると同時に、業務改善活動に携わり、改革をやり遂げる大変さ、現場を巻き込み納得感を引き出すことの大事さを痛感する。ケンブリッジ入社後は「現場を変えられるコンサルタント」を目指し、金融・通信・運送など幅広い業界で業務改革プロジェクトに参画。新サービス立ち上げプロジェクトや、人材育成を重視したプロジェクトなども数多く支援。ファシリテーションを活かした納得感のあるプロジェクト推進を得意としている。一級建築士。主な著書に、『業務改革の教科書』（日本経済新聞出版社）、『世界で一番やさしい会議の教科書』（日経BP社）。ビジネス雑誌（日経情報ストラテジーなど）での連載や寄稿に加え、講演やセミナーなどの活動も行っている。

＊ケンブリッジ・テクノロジー・パートナーズは、企業変革のための新たなビジネスモデルの検討から、業務改革、そしてIT導入までファシリテートするコンサルティング会社。独自のプロジェクト方法論とカルチャーを競争力の源泉として、花王、住友電装、日野自動車などの優良企業から高く評価されている。

抵抗勢力との向き合い方

2017年5月1日　　初版第1刷発行
2025年4月4日　　　　第4刷発行

著　者　　榊巻 亮
発行者　　浅野 祐一
発　行　　株式会社日経BP
発　売　　株式会社日経BPマーケティング
　　　　　〒105-8308 東京都港区虎ノ門4-3-12
装丁デザイン　松川 直也（日経BPコンサルティング）
制　作　　株式会社日経BPコンサルティング
印刷・製本　TOPPANクロレ株式会社

Ⓒ Ryo Sakamaki 2017, Printed in Japan
ISBN978-4-8222-3848-3

本書の無断複写・複製（コピー等）は著作権法上の例外を除き、禁じられています。購入者以外の第三者による電子データ化及び電子書籍化は、私的使用を含めて一切認められていません。
本書籍に関するお問い合わせ、ご連絡は下記にて承ります。
https://nkbp.jp/booksQA/